被誤解的

老台菜

黃婉玲——著

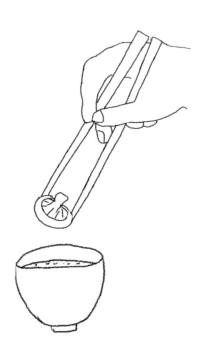

前言

我多年來努力推廣「台菜飲食文化復興運動」，除了傳遞古早的菜餚，最主要還是傳遞當時的文化，也呢喃訴說著早年台灣這塊土地的根。

先民早年從福建、廣東沿海一帶橫渡黑水溝移民到台灣奮鬥，除了離鄉背井，還得和台灣海峽的風浪搏鬥。一趟移民路走來萬分辛苦，到了完全陌生的地方，食物取得並不容易，養成了尊重食材也珍惜食材的習慣。例如逢年過節將好不容易養大的雞宰殺來吃，絕對十分珍惜，會努力思索出最好的料理方式。早期生活刻苦的年代衍生出來的台菜，也喜歡利用食材互相撞擊的力量產生美食，自然蘊藏著移民色彩。

或許你也發現了，台菜最大的影子是喜歡用甘草、胡椒粉等調味，因為這些都是取得容易、便宜卻又有養生效果的藥材。甘草有養身益氣、祛痰止咳的功效，以熬製的甘草水做菜，讓菜餚含有甘甜的滋味，更為潤口；加點胡椒粉提味，則可預防感冒去風邪。

為了解更多老台菜，多年前我不斷拜訪老師傅，一路走來不敢說辛苦，卻是人生重要轉折。剛開始我只是想記錄他們的生活足跡，在一段時間的交流與分享後，彼此距離拉近，從陌生到熟識，雙方不再只是採訪者與被採訪者的關係，而是建立起如家人般的深厚感情，我關心他們的生活，他們擔

心我的未來。老師傅們願意敞開胸懷訴說內心世界，也造就我後來寫《總鋪師辦桌》這本書的想法。

　　或許有人好奇我為什麼如此強調飲食文化的重要性？早年我只以筆墨書寫老台菜，那時就有些廚師依文章內容自創同名菜色，細看之後發現牛頭不對馬嘴，可能連食材都沒一樣是對的，卻依然打著老台菜的名號銷售，所以我曾經認為自己是「台菜的罪人」。

　　為了減少錯誤，後來我激勵自己出版食譜，沒想到也有新笑話。有道翠玉鳳眼、白玉鳳眼，明明書上的做法寫得清楚，照做應該不會有問題，沒想到有位師傅做完後寫信給我，直說他的鳳眼不受歡迎。我看了他傳來的照片後嚇了一跳，原本應該娟秀的鳳眼變成渾圓牛眼，比例尺寸完全不對，趕忙回信告知比例的確會影響菜色賣相，無奈對方完全聽不懂，只怪老台菜不受歡迎。這讓我當下深刻意識到，沒有文化背景，不熟悉菜色的背後脈絡，真的很難談傳承。

　　另一方面，在我走訪的老師傅眼中，只要擁有一技之長，就不怕生活陷入困窘，這是老師傅的共同觀念，也讓他們願意將一生所學菜餚傳授給我。剛開始我學得興致勃勃，只不過當時的想法是「未來我也不會靠這些菜色過活，不必那麼認真」，因此做出來的菜色充滿個人色彩的口味，「幾分像就行了」，做不出老師傅的味道。

　　我永遠記得「大姊」是我學習過程中教我最多菜色的長者，她年齡大我近四十歲，但她不言老，我也跟著大家膩稱「大姊」。那時候她已經九十歲了，身體還很硬朗，教我做「豎臊」，

事後我敷衍了事的騙她「我做了」，兩個月後她問我「口感怎麼樣？」，根本沒做的我煞有其事地胡謅一番，誰知她一聽臉色大變，生氣的說我撒謊「因為豎臊不放六個月以上怎麼能吃呢？」，才事隔兩個月，一聽就知道不可能。她還生氣的找外子談，告知豎臊是給我的傳家寶，不准外流，只希望萬一哪天她不在了，我還能靠這個手藝，一輩子衣食無缺，因為她實在沒有金錢可以留給我，有的只是身上所會的手藝，所以願傾囊相授。

了解大姊的苦心，我決定改變態度，不詛咒、不埋怨，好好跟著大姊學習。剛開始做菜的過程很不順利，一道菜做十幾次都不成功，經常帶著失敗的作品回家，日久還有點厭倦。後來大姊剖析我的問題點，也是現今大家容易犯的缺點，就是我「太有主張，又有自己的口味偏好」，她說「做古早味不能有自己的想法」，平常三餐可以任性的做自己想要的菜餚，但做古早味就要「認味道」，抓住老祖先的口味，這樣做出來的才是原貌。

大姊的教導養成我後來做菜的態度，剛做完後會先高興的微笑，得意於這是自己的口味，但心裡卻很明白這不是老祖先的原味，會重新再調味一次，將距離拉對。而這觀念也影響到後來我在教導烹飪時，同樣非常重視「試吃」的重要，常叮嚀學生不要只求「好吃」，重要的是必須記住菜餚的味道，吃不懂就繼續吃，但千萬不要大口，必須小口小口品嚐並記住它的原始滋味。

其實記住味道並不難，因為第一次吃到未曾吃過的菜餚時，

印象永遠最鮮明。我深信味蕾是有記憶的，所以做菜時要先學會原味，才去思考是否能創造更好的，不要一開始就想創新。

可惜很多人在這一關卡都會出現瓶頸。教學這些年來我發現想隱藏自己的個性好難，人們總是無法消除自我主義，所以我常常鼓勵學員放空來學習最容易，不要思索太多，只要先學會依樣畫葫蘆幾次，很容易就學會做菜，熟練之後就可以了解其邏輯，這是最快速的方式，不要一開始就想把邏輯搞清楚，反而錯失按部就班學習的機會，千萬不要想一次就過關。

猶記當年我在學老台菜時也有太多的想法，常被老師傅罵得狗血淋頭，當時還不能理解老師傅的用意，只覺得自己運氣真背，老是莫名其妙挨罵。後來想起阿菊姊曾經告訴我：「我也有自己的口味，每次做老菜，都會不由自主做出自己的味道，然後趕快調整回記憶中老菜的味道，因為我要做的是老味道，而不是自己的味道。」這才恍然大悟。

阿菊姊這席話讓我受益良多，因為我在做菜時，也會不小心做出自己的味道，口味較淡，但馬上自我警覺的修正成記憶中的味道，讓它符合老台菜的標準，就因這個觀念影響，我做出來的老台菜就能達到師傅的要求，被罵的次數就變少了。

我常以老台菜的原始口味傳承者自我期許，不反對創新，但很鼓勵大家先嚐到原本滋味再來談創新，不要急於一步登天，畢竟一道菜經過老祖宗的經驗累積，製作過程該如何調味都已有定論，跟著做就不會出問題。

而我在推廣老台菜時之所以不敢創新，並非我沒有創新魂，而是如果原味都保留不住，那大家對老台菜的認知豈不就偏差了！

　　我在烹飪教學中發現，每個人調味時都有自己的習慣，會不經意地朝自己的味蕾特徵靠攏，有時候就會走味。事實上要做出老祖先的口味，就必須先放棄自己的味蕾喜好，朝著模仿老祖先的味覺去調味，如此才是正確的老台菜味道。

　　我在烹飪教學的招生過程也是滿頭包。有些老台菜的菜名在過去的年代就是這樣稱呼，有時簡單明瞭到沒什麼吸引力，但我不願意為它創新取個華麗的菜名，儘管有時會出現我事先形容半天，還是有學員不懂那是什麼菜而未報名，直到課程結束後，聽其他學員形容這道菜的口味後扼腕不已，要求重新開課，當然同樣一堂課在短時間內不可能再開辦。

　　有一群學員則令我非常感動。這群學員上完課後，會利用假日相聚練菜，第一、二次會不假思索的照我教的方式做，第三次以後才各自有不同的理解並互相分享，所以台菜在少數學員中傳得很成功。

　　但也有學員好奇心太強，在第一時間就極欲理解做菜的邏輯，卻總會有停滯的感覺，忘了下一步要怎麼做，這種求知慾強並不是壞事，只是在學老台菜時卻是一大阻礙，就如同課程還沒上完就想寫一篇論文出來，那只是自找麻煩，偏偏這種人還真不少，所以在課堂上我常會告訴大家「相信我、跟著我做，做完再回頭思索討論」，而我每一堂課都會有總結，偏偏上課期間問題一堆的學員，到總結時都沒有問題，因為這時候他還停留在第一道關卡走不出來，這樣學到的菜色一定會有偏差。

　　因此我的教學方式也有所調整，每一堂課開課前都會先花兩、三天時間揣測學生會怎麼想、怎麼做，擬定教學對策，想

辦法讓學生更容易理解，畢竟一切我認為理所應該的問題，對學生而言卻可能是混沌不明，摸不著頭緒，因此要傳台菜必須將心比心，將傳授技巧拉到最高，台菜才有未來，我最喜歡大家放空來學習，這種態度的學生最容易成功。

至於喜歡創新愛變的個性者，並不適合學老台菜。後來有好幾位根本沒下過廚房的新學生來上課，他們也只會模仿，卻反而做得更好，這讓我發現，台菜的學習並不難，只要願意跟著做就可以。

曾有位經濟不錯的長者學員坦言，來上課只為了等我示範結束讓大家試吃時，就是他一飽口福的時間，因為我所做的就是當年他吃過的古早味，他不用上酒家、餐館就能回味當年的菜餚，遙想暌違幾十年的昔日風華，因此對他而言，儘管要繳學費，但一切都值得。

由於我的課程都提供學員一人一爐，必須實地操作，課堂上只有他一個人不操作，顯得很唐突，後來我和他商量「要報名就要做，跟著我做就可以了，至少也有參與學習的感覺」，想不到他只會依樣畫葫蘆，沒有其他想法，做出來的味道和我所做一模一樣，得到全班的掌聲。

一年下來他會的菜不少，有一次他開心的告訴我，家裡氣氛變了，每逢他下課的日子，兒女都帶著孫子、孫女回來準備嚐他的大菜，孫子還會央求他做菜，讓他很有成就感，我也覺得或許可以告個段落了，沒想到他竟然說「我現在什麼都會做，就是不會煮白飯」，我便利用下課時間教他煮白飯，填補他的缺憾，他也心滿意足的回家。

　　我在寫書時除了傳遞文化，也想傳口味，但有時候只能傳遞出一種虛擬的感覺，難以傳達到正確的定位，畢竟甜鹹程度很難用文字敘述清楚，只有吃過又記得住的時候，才算是真正的傳承。

　　後來我出了食譜，發現即使已經非常盡心盡力敘述，編輯也編得縝密詳細，朋友分享他依照食譜製作的成果時，口味卻還是做不到位，讓我一度有放棄出食譜的念頭。

　　可是轉念一想，很多學員來我的烹飪教室上課，一人一爐，備有相同食材，讓大家跟著我實際動手製作，完成後我還會逐一幫忙調整口味，讓每個人的作品都能呈現原始風貌，讓學員能夠記住正確的味道。雖然學員們上完課回家都會勤加練菜，一道菜來回做個十次不足為奇，但多數學員並不會開業，如果老台菜再不透過書本傳遞，懂得這些台菜技藝的人勢將愈少，我這些年發起的「台菜飲食文化復興運動」豈不更難推廣，因此決定還是利用文字和照片來傳授！也希望讀者看完這本書能夠真正動手試做，只要有心，一定能夠練就一手好功夫！

目錄

白菜滷 014

油飯 034

筒仔米糕 056

炸菜丸 072

雞仔豬肚鱉 —— 118

蘿蔔四喜湯 —— 084

肉米蝦 —— 136

紅燒雞 —— 104

白菜滷

白菜滷 "

白菜滷這道老台菜似乎不曾消失過，甚至廣受歡迎，但現今懂得它原始面貌的人卻變少了，只能說這是一道被誤解的老台菜，也是一道身世輪轉最有趣的老台菜。

這道極受歡迎的老台菜流傳這麼多年下來，已變化出多種版本，甚至不知道何時開始出現「扁魚白菜滷」之名，讓傳統白菜滷更顯繽紛，但唯一不變的是兩個主角，一是扁魚，一是大白菜。

百花齊放的白菜滷

時至今日，原始的白菜滷已面貌盡失，掛著它名字的各種分身卻到處活躍，甚至為了要不要加蛋酥打起論戰，殊不知這道老菜的元素從來沒有蛋酥，但加了蛋酥也沒有錯，因為這道菜各自表述的方式非常多元。

好比傳統的飯桌仔，用扁魚爆香之後除了加入大白菜，還會加幾片紅蘿蔔點綴，有些還會勾點芡讓它濃稠。火雞肉飯餐廳則會用火雞骨熬過大白菜，然後再加點扁魚煮爛，稱為「扁魚白菜滷」，由於油脂比較多，散熱不易，喝起來頗為順口。

有些媽媽在辦桌場合吃了白菜滷覺得風味絕佳，想回家複製，看到菜裡有扁魚、大白菜，回家後就依樣畫葫蘆自行創作，可是辦桌師傅不見得傾囊相授，媽媽們複製不易，只能各自解讀，唯有扁魚和大白菜是不變的角色，其他繁瑣的食材細節，

自然就被捨去了。

　　北部有些扁魚白菜滷除了扁魚和白菜，還要加蛋酥，南部很少看到白菜滷加蛋酥的，蛋酥的使用通常是拿來做為火鍋湯頭，增加湯頭風味。

　　台南鄉間更流傳另一種扁魚白菜滷的做法，也就是在扁魚、大白菜之外，加入大量爆皮。其實加入大量爆皮的白菜滷不只在鄉間流傳，我小時候燕官阿嬤就從她鄉下娘家帶來了這道手藝，頗受全家人喜愛。

　　燕官阿嬤曾說過為什麼會把這道爆皮白菜滷帶進來。最主要是白菜滷雖然有湯，但湯汁很少，在辦桌菜中根本不算湯品，

　　你可能會奇怪，阿嬤就叫阿嬤，為什麼前面還要加名字呢？早年大戶人家規矩多，當奶媽照顧孩子到某個程度後，她們就要功成身退，燕官阿嬤是我母親的奶媽，在外公家當奶媽時十分熱心，除了會協助別的奶媽照顧眾多小孩，還因廚藝一級棒，常被家中的總鋪師邀請到廚房幫忙，是家族裡很受歡迎的人物。

　　媽媽說燕官阿嬤非常聰明，家裡大小事幾乎一手包辦，所以即使後來媽媽斷奶了，她還是留在家裡幫忙，甚至連媽媽出嫁，她也跟著到我家幫忙照顧孫輩，由於她不是家族成員，沒有血緣關係，所以我們必須冠上名字稱呼，但燕官阿嬤在我家裡可是非常受尊重，她說個「不」字，大家都會遵從。

偏偏湯汁滋味太好了，很多人都喜歡品嚐幾口，少量湯汁根本喝不過癮。為了彌補這個遺憾，她就把爆好的扁魚分量加倍，放到大白菜與爆皮裡，同時也多加點水熬煮以增加湯汁，如此熬出來的湯頭可絲毫不遜色，家中長輩特別喜歡。

小時候我胃口不好，燕官阿嬤也會做這道菜，用湯汁泡飯餵我吃，長大後我就愛上了爆皮的滋味。每次燕官阿嬤煮一鍋「扁魚爆皮白菜滷」，不管煮得再多，全家大小都是一餐解決，讓它鍋底朝天。爆皮白菜滷雖然不是正統的白菜滷，而是走調的白菜滷，卻是我的心頭愛。

正宗白菜滷的身世

變化版的白菜滷，有些只有扁魚白菜，有些是扁魚白菜加蛋酥。各自表述的白菜滷用來當家常菜不成問題，但我認為想了解老台菜就得追本溯源，深度認識菜色的原貌，知道傳統白菜滷的原貌後，才能理解為什麼它早年在辦桌場合會那麼受歡迎，否則傳統白菜滷真的會走入歷史，完全走了樣。

回到白菜滷的源頭，它曾經是宴席上的大菜，而且是早年辦桌宴席上不可或缺的一道菜。或許你會驚訝以白菜為主體的菜餚也能登上舞台，但了解歷史後就能完全理解。

首先讓我們回到早年辦桌的時代背景。當年的物資和生活條件都比較貧瘠，一頭豬只有一副豬肚，一副豬肚剖半也只能做兩桌的菜，如果要辦二十桌宴席，就得宰殺十頭豬。依現今社會眼光看，家有喜慶殺個十頭豬不是問題，可是那個年代豬隻來源不易，單殺一頭豬就是件大事，家中若有喜事，主人家必須提早開始養豬，待到辦喜宴時，總鋪師也會依現有資源思

考這次要宴請多少賓客？該宰幾頭豬？畢竟當年肉類食材資源珍貴，殺豬時除了充分運用豬隻各個部位，連豬血都會拿來做豬血糕或豬血湯，以酬謝前來幫忙的鄰居和朋友。

有位師傅曾經回憶，早年他遇過一名客戶，只有三頭豬可殺，卻要宴請十桌賓客，料理少到根本連白菜滷都無法每桌提供，幸好事先言明端菜是主人家的事，不然這種大小眼的供菜方式，他還不知道要怎麼端出去呢！

除了豬肚，傳統白菜滷頂端擺的那一朵香菇也是個話題。香菇早年稀奇又罕見，屬於珍貴食材，平常人家裡不會有香菇。由於一道白菜滷就只有一大朵香菇擺在中間，所以一上桌馬上就會吸引賓客目光。一大朵完整的香菇很難分食，那時候也不流行拿起剪刀剪開香菇讓大家雨露均霑的分享，導致吃這朵香菇不但有技巧，也有「眉角」。

這時往往會出現兩種狀況。一種是桌上賓客彼此禮讓，大家推來推去，最後總是請輩分最高的長輩獨享。

小時候我常跟著嬤婆參加宴席，由於嬤婆輩分高，大家都會讓出香菇請她食用，偏偏嬤婆家的生活環境很好，要吃香菇並非難事，而且嬤婆經常參加宴席，常有機會吃到香菇。有一次她在盛情難卻下夾了香菇，卻把香菇放到我的盤子上，只是她萬萬沒想到當時的我正在換牙，門牙早已掉了，缺牙的我根本咬不動那麼大朵的香菇。我一個小孩子坐主桌占了一個位子原本就是目光焦點，於今又擁有一朵大家垂涎的香菇，更是不自在，又加上咬不動香菇，真的是尷尬到極點，恨不得鑽到桌子底下躲起來。眼角餘光瞥見一群想吃香菇卻不好意思夾的大人，全部睜大雙眼瞪著我暴殄天物般地和香菇搏鬥，整朵香菇

汁都被我吸完了,卻如何也咬不爛。嬸婆看到我那副極糗的樣子,既不忍逼我硬吞,又要平息大家的眼光,只好裝著若無其事的夾起那一朵已被我吸光湯汁的乾癟香菇自己吃掉,才化解這尷尬場面。

另外一種情形是看到水腳(幫手)端著白菜滷準備上桌時,大家就躍躍欲試,磨刀霍霍看誰的筷子動得快,混亂中能夾走香菇的就是贏家。此番場景現在看來有點匪夷所思,但過去為了品嚐傳統白菜滷這朵大香菇,大家可以絲毫不顧顏面的你爭我奪,香菇之珍貴不難想見。

還原正宗白菜滷

原始的白菜滷內容豐盛,這道經典大菜除了大量白菜,也融入了珍貴食材豬肚和香菇的味道,尤其豬肚先只煮八分熟,因此在蒸的過程中還會釋放出些許豬肚的油脂,讓白菜更為滑嫩同時略帶肉香。

此外,正統白菜滷裡有一個非常關鍵卻早被現代人遺忘重要食材——蒜頭。白菜滷的蒜頭可不是用來爆炒的,而是切成碎粒加米酒浸泡後,倒入扣碗裡。蒜頭泡酒的方式一般很少使用,只用於五柳枝等少數菜餚,但用蒜頭酒蒸出來的白菜滷韻味誘人,若以爆炒蒜頭的方式製作,滋味就會遜色許多。

至於扁魚,同樣拌入大白菜中一起蒸,蒸好之後,大白菜帶有誘人的蒜頭酒和扁魚香味,整個搭配組合讓這道菜更有看頭。嬸婆最愛喝傳統白菜滷的湯汁,只因這種為數不多的白菜滷湯汁蘊含了整道菜的精華,湯頭的味道濃郁迷人。

而說到扁魚,後來出現的「扁魚白菜滷」名稱上多了「扁

魚」兩字，將扁魚的身價和地位拉抬得很高，可惜內容卻顯貧瘠，少了原始白菜滷的多樣食材及層次感，甚至連扁魚的運用方式都變簡略，不僅失去白菜滷應有的味道，還暴殄天物，完全可惜了這道名菜。

傳統的白菜滷中，扁魚固然是這道菜不可或缺的重要角色，但重要性與其他食材平分秋色，師傅通常不會將扁魚特別拉出來強調，白菜滷暢行辦桌場幾十年，從沒人質疑過扁魚的存在，現在卻得強調性的稱為「扁魚白菜滷」，大家才知道是指哪一道菜，扁魚反而喧賓奪主，讓人產生錯覺。

其實扁魚白菜滷和早年的白菜滷，口味和面貌都不相同，連烹調方式都不一樣。現代的扁魚白菜滷口味陽春，早年的白菜滷口味繽紛、味道足。對於一些不懂食物撞擊的人而言，或許會覺得白菜滷只不過多了蒜頭酒、香菇和豬肚，但多了這三樣，口味真的不一樣，而且採用蒸的方式處理，讓食材在鍋裡接受熱騰騰的蒸氣長時間激盪，彼此釋放出滋味並互相撞擊，口味更顯融洽。

即將失傳的爆扁魚

扁魚的身影在老台菜中幾乎無所不在，扁魚的應用對現代人而言卻相當陌生。現今大餐廳幾乎只用「炸」的方式處理扁魚，雖然這樣做比較省時，卻忽略了「爆」扁魚的重要性與該有的功力，也無法展現出扁魚的特色，讓扁魚在老台菜淪為小角色，消費者幾乎無視扁魚的存在，甚至覺得扁魚在老台菜中是多餘的食材。

扁魚爆香後會有一股特殊的香味。猶記得小時候的辦桌現

場，總鋪師要爆扁魚時，不用特別通知，大家都會自動聞香到場圍繞著總鋪師，邊觀賞總鋪師爆扁魚，邊聞著扁魚爆香後散發出來的味道，再帶著一身扁魚香味回家。不用說，全家人都知道我又偷跑去看人家辦桌了。

兒時記憶今日卻出現反差。有一次我到某餐廳教學，大廚說「待會兒要炸扁魚了，大家趕快閃吧！」，只見眾人紛紛離開，現場只剩下大廚和我，我心裡一陣納悶，暗想「扁魚味道那麼香，為什麼要閃呢？」。沒想到大廚炸扁魚時不斷傳出一股股腥臭味，最後我受不了，趕緊逃離現場。事後我詢問大廚「你爆的扁魚為什麼會有腥臭味？」，大廚說「處理扁魚不都是如此嗎？」，原來他只學到「炸扁魚」，可沒聽過「爆扁魚」；大廚也只知道炸扁魚是臭的，不知道爆扁魚是香的。

用極高的溫度炸扁魚，只會一股腦地快速逼出扁魚的海味，那是一股腥臭味；用低溫慢慢爆，則會先爆出一股濃濃的海味，再慢慢轉成淡淡的海味，腥臭海味會慢慢去除，只留下醇香的海味。爆扁魚需要耐性和時間，急也急不得。

採用爆和炸的方式做出來的扁魚，外表看來沒有明顯差異，但一下鍋立刻見真章。用炸的方式處理扁魚，配上高湯後味道會下縮而不見，用爆的扁魚則會持續釋放出香氣。

儘管我努力說明並教導爆扁魚技巧，以為可以改變大廚的觀念，沒想到他看完之後仍舊不以為然的說「我炸扁魚用不到一、兩分鐘，妳爆扁魚雖然會香，卻花了一、二十分鐘，這不符合人力成本，反正我炸扁魚那麼久，也沒聽客人抱怨過」。

可是大廚沒想到，他用炸扁魚方式做菜這麼久了，雖然沒有客人抱怨，卻也沒人對扁魚驚豔。

其實爆扁魚並不難，時間就是爆扁魚的利器，玩弄扁魚是我最快樂的工作。每次爆扁魚，把原本腥臭的扁魚變成極有層次的香氣，總讓我臉上不經意的露出一絲微笑，那是一種滿足的快樂。我教導烹飪課時，也會將爆好的扁魚提供給學生們嘗試，讓大家了解扁魚的滋味。說來好笑，學生們試吃後竟然爭先恐後吃個不停，把扁魚當成最佳零食，最後我還得重新爆一份，才能滿足大家的口腹之欲。

爆扁魚時，我會想像自己是大將軍，主控一大鍋扁魚，拿著鏟子輕輕爆，看似悠閒，兩手卻不停的交叉使用，鏟個不停，儘管雙手發疼，聞到爆扁魚散發的香味後還是極有成就感。工作結束後，我會趕緊先噴個乾洗髮，稍微清除頭髮的扁魚味道，回家後再將頭髮洗個一、兩次，讓頭髮裡的味道全消，然後洗個澡，連衣服都要放進洗衣機清洗乾淨，徹底清除全身的扁魚香味。儘管善後工作如此麻煩，我還是喜歡爆扁魚的香味。

爆扁魚最困難之處在剪扁魚。因為扁魚必須放得夠多，料好實在，味道自然就會好，只不過扁魚一次都要用十幾斤，三、四片薄薄的扁魚才一兩重，十幾斤扁魚用剪刀剪完之後，手指經常磨出水泡。我的教室團隊成員若進行古早味快閃活動，事先都會用膠帶將手指纏住，以免磨出水泡。

另一方面，即使是扁魚白菜滷都已岌岌可危，要守住老滋味更顯日益困難。

首先，有些店家擔心扁魚有刺會引來客人抗議。雖然很少聽到被扁魚魚刺哽到的個案，但現在畢竟民意高漲，萬一有人反映被魚刺哽到，店家還得面臨賠償問題。如是之故，有些店家會將扁魚磨成粉倒入高湯中使用，這讓喜歡做菜的我聽了直

搖頭，嚐過「扁魚粉」做出來的菜餚後，更是怎麼喝都嚐不出扁魚的香氣，覺得乾脆不要放扁魚算了。

攪碎的扁魚分子太小沒有味道，太大了又吃不到它的香氣，扁魚必須要剪成恰到好處的尺寸，即使有時候剪到手指起水泡也不能捨棄。

我曾和老師傅討論倘若要大量製作，剪扁魚的手續是否可以減掉或用機器取代，老師傅說：「倘若剪扁魚的方式改用機器攪碎，過程中機器會產生熱度，扁魚的油脂就會不見了，因此很難用機器代替。」

此外，近年扁魚從過去的平價到現在海洋資源枯竭，來源變少，價格不停上揚，尤其無刺扁魚漲得更高，有些店家會減少扁魚的分量。再加上年輕人吃不慣扁魚，有些店家或許「順從民意」、或許不清楚扁魚的用法、或許為了投機，乾脆用柴魚片取代扁魚，認為這樣也會有一股香氣，只是老台菜就此走味，出現濃濃的東洋味，變成陌生的菜了。

至此又曝露出台菜食材的其他問題，那就是千萬別小看價格較便宜的有刺扁魚，若不嫌棄它有刺，其實爆起來最香，因為刺多肉少，油脂較多，容易爆出香味，湯頭也最好，最能展現台菜的特色。肉愈厚的扁魚愈難爆，只是現代人較難以接受有刺扁魚，多改選用無刺扁魚，卻也因此錯過很多美味，這也是時代需求下的無奈。

我推廣台菜這些年來，已經放棄使用有刺扁魚，因為常被消費者抱怨食用時容易被魚刺哽到，無法接受有刺扁魚。雖然此問題杞人憂天，但為了推廣台菜，我最後只好捨棄有刺扁魚，改用較難爆出味道的無刺扁魚。

白菜滷是菜尾湯要角

早年的辦桌文化建立在互助精神上，遇鄰里有喜事辦桌時，附近居民就會主動出來充當「水腳」，幫忙洗菜、切菜，供師傅料理出美味菜餚，師傅也總會多做一些分量，等待宴席結束後再來「結尾」，以分享給前來幫忙的鄰里，菜尾湯就此應運而生。

然而，隨著辦桌形式的改變，師傅辦桌做菜都忙得不可開交，還要在辦桌後額外結菜尾湯，頗感工程耗大，加上菜單的改變，少了結菜尾的元素，菜尾湯也跟著沒落了。想吃菜尾湯的家庭主婦只好根據曾經在辦桌場上吃到的印象，依樣劃葫蘆做出「自己口味」的菜尾湯，衍生出「媽媽的口味」，我寫的《台菜本味》就詳細介紹了菜尾湯的製作過程。

而白菜滷，便是製作菜尾湯的重要菜色之一，但得靠傳統的白菜滷才能做出道地滋味，倘若以現代版的扁魚白菜滷拿來「結菜尾湯」，就會少了三個味道，一是沒有香菇的香味、二是少了豬肚的滋潤和少許油脂，第三更嚐不到蒜頭酒的香氣，如此要融合出好的菜尾湯當然不容易，也會遜色許多。換言之，由於原貌盡失，如今若想用現代版的扁魚白菜滷來做菜尾湯，失敗性就變高了，因為傳統的白菜滷在菜尾湯裡扮演的是溫柔、和諧的角色，味道比蘿蔔四喜湯更濃郁一點。

蛋酥版白菜滷

有些人說白菜滷要加蛋酥，蛋酥南部有些人膩稱「蛋翅」。早年南部酒家吃海鮮火鍋時，會在高湯裡加大量蛋酥去煮湯頭，一大鍋高湯有時會放一碗公的蛋酥，然後涮魚片、蝦子、蛤蜊、

牡蠣等,吃起來湯頭濃郁美味,很讓人驚豔,簡直可稱為「火鍋之王」,沒吃過的人還真不知道蛋酥火鍋的美味。

我最喜歡在熬好的高湯裡放入大量蛋酥來川燙海鮮,透過蛋酥來調味,變成蛋酥火鍋,滋味好也很受歡迎。過去酒家都會用砂鍋盛著這鍋湯品上桌,成為廣受歡迎、一枝獨秀的料理,大家喝個不停,廚師必須一直加湯,但加了湯就得同步添加蛋酥,每個人都寧願喝到肚子鼓鼓的,直到蛋酥和高湯都沒了才罷休。

有次我煮蛋酥火鍋宴客,七位朋友圍一桌,席間要補充食材時並不是補充魚肉片、蝦子,而是勤跑廚房炸蛋酥煮高湯,因為只有高湯而沒有加蛋酥,味道就淡了,所以我每加一鍋高湯就加一大碗蛋酥,以保持味道的鮮濃,而這群朋友愛喝湯的程度也很嚇人,不斷的稱讚並要求加湯,讓我忙得很有成就感,當然宴客時不可能只有一鍋蛋酥火鍋,但是當天的蛋酥火鍋最受歡迎。

我也試過在白菜滷加蛋酥,味道真的不錯,只是平時沒有加蛋酥的飲食習慣,我認為這沒有對與錯的問題,也沒有絕對要怎麼做的必要性,只是不能忘掉白菜滷早期的真實原貌。

可能會有讀者好奇，白菜滷既然是大菜，在辦桌場的出菜排序是第幾道上桌？

早期辦桌的菜色通常有十二道菜，出菜時分上半場和下半場。內行的辦桌師傅都知道「會做菜容易，會開菜單才是真功夫」，因為要在眾多的菜色中選定、組合成完美的十二道菜並不容易，畢竟每道菜的組合要有抑揚頓挫，上菜時才能行雲流水般順暢呈現，而且一套菜單裡面的十二道菜只能有一道湯品和一道羹品，雞、鴨、魚、肉也只能出現一次，避免重覆，如果重覆出現就不是頂級菜單，諸多限制顯見開菜單的困難。

開菜單考驗師傅的功力，有些心態投機的辦桌師傅會剽竊別人受歡迎的菜單，因為只要依照別人的成功菜單，自然不會出差錯，賓客吃起來也比較順口，但這只能說是打安全牌。在早期辦桌風氣不算興盛的年代裡，「一套菜單走天下」大家吃起來倒不覺得膩，但千篇一律的同一款菜單不免會被經常參加宴席的人吃出箇中端倪，對師傅的評價自然不會好，所以剽竊菜單終非長久之計，會開菜單才是厲害的師傅。

可能你會好奇一份好的菜單是怎麼開的。有人說開菜單準則是「一溼一乾」穿插上菜，其實這邏輯不存在，如此一餐吃下來湯湯水水，過度負擔。最主要是把握以下原則：雞、鴨、魚、肉、鰻魚、甲魚、蝦等食材不要重覆出現，以及更重要的，整場宴席中要有蒸、煮、燴、炸、涼拌、湯品、羹和油飯，以不重覆為原則，再來才是排好順位，這就是最完美的菜單。

以一份經典老菜單為例。第一道先出冷盤，第二道紅燒羹，第三道米糕捲，第四道五柳枝，第五道封肉，第六道稍作休息出個水果潤口，第七道則出炸物如炸土司蝦或八寶丸，第八道白菜滷，第九道則選酸菜筍絲排骨湯或蘿蔔四喜湯，第十道或許來個紅燒鰻魚或紅燒魚，第十一道則會出水冰，第十二道則是魚丸湯，代表圓滿，有些新潮的會改成小西點。

我近年每逢開春時節都會舉辦「台菜宴」，每次都得提早半年開始寫菜單，好不容易選好菜單後，會回過頭來左思右想的再做調整，自己製作一回後若感覺吃起來並不順口，又得打掉重組菜單，往往要到年底才能敲定菜單，而且我每一年總是換一張菜單，只因為想考驗自己的創作力是否枯竭。

舊時代的互助辦桌模式到了六○年代經濟蓬勃發展後，逐漸被一條龍式的服務取代，辦桌名目也增加了，不再只有婚宴喜慶辦桌，大家吃膩了傳統的辦桌菜色，師傅也開始思考換新的菜單。而新菜單若受歡迎，大家又會爭相模仿，最後仍難避免流於「一套菜單走天下」現象，再怎麼換新，變化不大。

近二十年現代人宴客講究創新，花樣愈來愈多，菜單一味求新求變，食材也澎湃豐富，但組合就是不對，少了味蕾上的抑揚頓挫，不再如過去般講究，雖然不容易「撞菜」，吃起來的感覺就是少了一味，所幸賓客對此也比較不講究了，只有老饕級賓客懂得要求流暢迭起的菜單，也難怪現代人很難理解早年的白菜滷竟然是一道必備佳餚，且是宴席中的重要大菜之一，甚至懷疑如此簡單的菜餚怎能端上桌。

白菜滷

材
料

蒜頭	50 克（約 15 瓣）	大白菜	1 顆
米酒	40 cc	白胡椒	1/4 茶匙
香菇	1 朵	鹽	
豬肚	半副	水	
扁魚	50 克	油	適量

| 大白菜 | 大白菜洗淨，切塊。

- 選用台灣本土大白菜口感較佳，山東大白菜的口感太硬脆，不適合。
- 切記一定要用刀切，以維持蔬菜纖維完整性，若用手撕不僅破壞纖維，尺寸也會混亂不堪。

| 蒜頭 | 蒜頭切碎，泡 40 cc 米酒。時間允許時就泡半天，若趕時間，至少要泡十五、廿分鐘。

- 製作白菜滷靠的是蒸的功夫和一碗蒜頭酒，蒜頭酒可是白菜滷風味絕佳的祕密武器。

| 香菇 | 常溫水泡一朵大香菇。泡至香菇完全淫潤柔軟後，擠乾香菇，香菇水則留著備用。

| 豬肚 | 豬肚加點鹽，以大火煮一小時，煮到約八分熟後取出。

- 豬肚要挑選約兩公分厚的才算夠格，愈厚愈好，咬起來才會口感十足，薄薄的豬肚屬於劣質品，吃起來一點口感都沒有。我通常會找固定的豬肉攤叮嚀幫忙留下厚豬肚。
- 水量一定要完全淹過豬肚後還要再多一點，才不至於煮到最後蒸發。
- 豬肚煮到熟透即為八分熟，不必要求很軟爛的口感。
- 煮豬肚的水要丟掉，豬肚水當高湯並不協調，味道不搭。

食材處理
與備料

FOOD

| 扁魚 |

1 將扁魚剪成兩公分長寬的四方形。

▪ 扁魚千萬不要選太厚，會爆不出香味，選薄一點
  的比較容易出味，而且比較有油脂。

2 把扁魚放入乾鍋，用文火乾爆，慢慢劗。

▪ 爆扁魚的步驟會花上一、二十分鐘，有時還要半
  途熄火。若火太強，不僅無法釋出香味，還會燒
  焦，吃起來會有一股苦澀味；若火太小，時間會
  拉得很長，可能要三、四十分鐘才能爆出一鍋。
  沒有臨場經驗要拿捏通常真的有點困難，這也
  是我在傳承中遇到的無力感，因為不只火候不能
  SOP，鍋子的材料不同，導熱也不一致，而且現
  場的風向、溫度和溼度不同，很難一次講清楚。
  需要慢慢拿捏才能累積自己的經驗。

3 爆扁魚一開始會聞到海邊的海腥味，接著會
  散發出熟成的香味，慢慢地扁魚的顏色也會
  變成淺咖啡色。這時要巧妙的淋上幾滴油，
  再快速翻炒，讓扁魚變酥，等扁魚酥了就趕
  快起鍋。

▪ 有些人會忍不住將爆好的扁魚當零食吃掉，但我
  會將扁魚盛在盤子裡放涼了，倒入玻璃瓶並蓋上
  瓶蓋，放進冰箱裡熟成一個禮拜再拿出來使用，
  這時候的扁魚用來煮任何湯或做任何料理都是
  上品。好比我煮火鍋時，偶爾懶得再熬高湯，就
  在一鍋清水中加一大把熟成過的扁魚，煮出來的
  湯就很適合當火鍋湯底，一點都不覺費力，成為
  我煮火鍋的小祕密。

▪ 很多人學到將扁魚拿來用炸的，這種做法雖然速
  度快、省時間，但炸的過程味道會很臭，熬出來
  的湯頭不香，只吃得到扁魚的酥，喝不到扁魚散
  發出的香味。

白菜滷
製作
RECIPE

1. 拿個圓底大碗,將香菇放在碗底。

2. 把煮好的豬肚切成長條菱形狀,鋪滿大碗。

3. 冷鍋裡放油後開小火,油不要加多,火也不要太大。

4. 鍋裡先倒入爆好的扁魚讓香味慢慢釋放,當做再爆香一次,待香味再次拉提飄香後,把火力轉成中火,翻炒速度略快些以避免燒焦,然後放入大白菜,略為翻炒。

5. 加入 160 cc 水和泡過的香菇汁一起悶煮,並加 1 茶匙鹽和 1/4 茶匙白胡椒粉調味。

蛋酥

若要製作蛋酥,首先準備五顆蛋,再加入一匙油,打成蛋汁。

蛋酥做法不算很難,先放一鍋油,並加一點點油在漏杓裡。待油熱了,一手在油鍋上方不斷晃動漏杓,另一手把打好的蛋汁透過漏勺倒入油鍋,就會成為一粒粒的蛋酥。

6. 將煮爛的白菜鏟起來,放入鋪好香菇與豬肚的大碗,並將悶煮時釋出的些許湯汁一同倒入。

7. 把蒜頭酒淋入大碗內。

8. 用保鮮膜包住大碗,蒸三十分鐘。

　・若想用電鍋蒸,外鍋加一杯水。

9. 蒸好後,因為湯汁不多,準備個水盤,把大碗倒扣,當年宴席桌上的白菜滷即完成。

★ 小祕訣 ——

製作蛋酥時所用的漏杓必須採用鋁製品,不能用不鏽鋼製品。鋁製漏杓每一個小洞外層會有個小凹槽,流出的蛋汁在油鍋裡會粒粒分明,不鏽鋼製的漏杓外層太平滑,會炸出整片的蛋。

油飯

油飯 "

「油飯」在台灣人的飲食文化中扮演重要角色，從出生後的彌月油飯開始，油飯就如影隨形般伴隨著人們成長，隨著時代演進，除了習俗中用得上油飯，就連日常生活也少不了它。現在市場上很容易見到販售油飯的攤位，許多人平日就喜歡吃油飯解饞兼當餐點，不像早年非得等彌月、改運、拜拜等習俗，才有機會吃到油飯。

油飯米糕大不同

有些人分不清楚油飯和台南米糕的差別。油飯是在糯米蒸熟後，用大量的紅蔥頭油和滷汁拌勻後食用，使用的油量比米糕多；米糕則是糯米蒸熟後，待客人上門盛一碗，再淋上肉臊醬汁，米糕裡頭的油脂來自醬汁的肥油丁。兩者製作方式有異，使用的油量不同，口感也有差別，是完全不同的食物。唯一相同之處是都用糯米蒸熟而成。

我看過有人把油飯包起來當成「竹葉米糕」販售，但這是一種「作手」，它的油量雖然比較少，卻不是現包的。正統米糕攤位供消費者外帶的竹葉米糕現點現包，是從一桶蒸好的糯米飯中舀出，拌好醬汁，以竹葉包裹，灑上一些魚脯後，直接包起來。正統做法需要一些技巧，經營米糕店的老闆都知道，要用竹葉包一碗米糕，沒有技術還包不起來，不信的話到米糕攤要求現包的竹葉米糕，說不定還會被拒絕。

那麼，「紅蟳米糕」明明紅蟳下面鋪的是油飯，為什麼稱呼卻是紅蟳米糕？「米糕捲」明明包的是油飯，卻又為什麼稱為米糕捲呢？

看到這裡似乎會有些迷糊，別擔心，我自己也經常對這些名稱感到困惑，但若懂得兩者製作上的差別，就能夠清楚區分了。當然，有時候不免會有約定成俗的口語錯誤。就像小時候中秋節家裡會開始進補，其中一道菜是先將糯米以麻油炒過，不加水而加米酒，再放上兩隻生紅蟳後就直接下鍋蒸。當時我們稱之為「紅蟳糯米飯」，也沒特別稱為「紅蟳油飯」，所以第一次聽到「紅蟳米糕」時，我的困惑可想而知。

我認為只在文字上著墨而不注重口味，爭了半天也沒有意義，懂得這道菜是什麼，傳得出去才重要。台灣的飲食背後蘊含著諸多文化意義，所以我喜歡用飲食談文化，在此我仍用油飯這個稱呼來取代米糕，但你也可以稱為米糕，我不介意，重要的是先把口味傳出去。

傳統習俗中的不可或缺

台南人的成長過程中，油飯必不可少。嬰兒出生後的「彌月」需要油飯，「度晬」（周歲）也會送油飯給至親報喜。孩童夜啼總是讓父母親心煩意亂、不知所措，長輩會教導為人父母者帶孩子到專門保佑小孩的三奶媽廟拜拜，祈求神明保佑孩子不要受驚嚇，這時也用得上油飯。另一個風俗是在傍晚時分，盛一碗油飯，煎個麻油蛋，擺在嬰兒床前「拜床母」（也有人稱為「鳥母」），祈求床母幫忙照顧嬰兒，減少夜啼，乖乖的順利平安長大。如此看來，傳統習俗中，單是幼兒時期就與油

飯關係緊扣。

小孩成長到十六歲時，台南人有「做十六歲」的成年禮習俗。早年習俗認為，做十六歲這個儀式有對外宣告「家中孩子已經長大成年」之意，從此之後孩子到外面做工也可以領到和成人一樣的薪水，不再是「童工」只能領「囝仔工錢」，因此長輩會在小孩做成年禮時，帶孩子到七娘媽廟拜拜，也會準備油飯分贈親友，宣告吾家有兒（女）初長成。

很多家中有幼童的人家，也會趁著七娘媽壽誕，在家裡孩童睡覺之處拜油飯，所以每年農曆七月七日這一天，市場賣油飯的業者都會準備較多的量，提供消費者所需，但若太晚到市場還是會買不到。時至今日，做十六歲的習俗仍在，但早已和孩子是否為「童工」或是否領全薪無關，而是賦予孩子成年禮之後的自我期許與努力的目標。

油飯在傳統習俗中出現的時機不只如此。等女兒長大結婚要歸寧時，得準備一大盤鹹、甜油飯與一小碟甜油飯；大盤的鹹、甜油飯是祭祖用，也祈願讓全家人「吃平安」，比例上鹹滋味佔七分、甜滋味佔三分，如果家中人口眾多難以分食，會乾脆把甜油飯煮成米糕粥，如此分量就變多，大家都可以分享女兒帶回來的福氣。至於小碟的甜油飯可就異常珍貴、異常特別，不可分給外人食用，只能供新人獨享，象徵在未來的婚姻世界裡，只有夫妻兩人互相扶持、相互依靠，不能有第三者介入。

甜口味的油飯還有另一個出現時機。傳統的宗教信仰有改運的儀式，現代人想改運，就去買份金紙帶到廟裡請專人幫忙做個儀式改運，早期的人比較講究，會帶著一碗盛得高聳飽滿的甜油飯到廟裡拜拜，然後將甜油飯煮成粥或直接吃掉，認為

如此就能獲得好運。

至此已不難發現，老祖先巧妙地透過飲食文化制定了很多規範，也藉著甜油飯傳遞許多甜蜜訊息，展現出舊時代的細膩思維，令人驚嘆於老祖先用食物傳遞訊息與體制的睿智。

另一方面，油飯不僅在人生儀式上扮演重要角色，辦桌宴席上同樣不可或缺。

一道好吃的油飯，米粒必須蒸到粒粒分明，晶瑩剔透，每一口都吃得到香Q的糯米香。糯米要蒸得恰到好處其實不容易，一不小心就會過軟、不Q，甚至有糜爛的感覺，蒸不透則有乾硬感。

早年的辦桌師傅炊糯米時都十分小心，因為賓客會以油飯的口味好壞私下判斷師傅是否有真功夫，趁機偷偷評分，衡量未來自家喜宴是否也要聘請師傅來辦桌。評斷師傅功力的關鍵菜色除了冷盤、紅燒羹，油飯往往就是第三道評斷依據。

吃糯米炫富

常聽人說「台南人愛吃甜是為了炫富」，這句話雖然一直讓老台南人納悶，但最近真的感覺台南店家的口味愈來愈甜。台南很多傳統小吃店近年多由外地人接掌，將這句話奉為圭臬的店家認為台南小吃就是要甜，做菜時只知道拚命加糖，忽略了傳統台南人的甜其實是加了甘草所產生的甘甜，而這種過甜的小吃則常讓老台南人嚇得卻步不前。

其實台南人並沒有特別愛吃甜，炫富也不是用甜來象徵！若真要說老台南人炫富的方式，我認為應該是「愛吃糯米」。

以前的年代貧富懸殊很大，糯米產量較少、價格自然較高，白米雖然相對便宜，但富裕人家不會因為價格而減少食用。糯米卻不同。糯米早年屬於昂貴食材，一般人無法天天吃得到用糯米製作的食物，端午節時這現象尤其明顯。在那個年代，要吃上一顆滿是糯米的粽子並不簡單！經濟較不富裕的家庭，綁粽子時往往得在糯米中摻雜雜糧充數，以減少些許經濟壓力，因此衍生出「米豆粽」、「綠豆仁粽」等不一樣的美味。隨著時間腳步進展到民國五〇年、六〇年，經濟情況逐漸轉好，糯米價格依然比白米高，油飯仍然不是人人吃得起，米糕粥更是一道高檔點心。現代經濟富裕，糯米與白米的差距不再明顯，上述現象逐漸消失。

母親家族每一位長輩都愛吃糯米，只要是糯米製作的菜餚就特別喜愛，從大姨到媽媽，口中時常掛著一句話就是「我天生有個糯米肚」。明明很多人認為糯米易傷胃，不宜吃多，但吃糯米對她們而言從來不是負擔，反而是飲食上最輕鬆的事，我想是她們懂得品嚐糯米的美好滋味所致。

「八分鹹、兩分甜」

早年一般家庭不見得會自己製作油飯，因為過去多是大家族住在一起，要一次取得大量食材並不容易，而且若沒有真功夫卻想在家裡做油飯，那可是件大事，忙了半天端出來的成品不一定能獲得青睞之外，還得背負被公婆責難浪費時間、精力和金錢的罪名，寧可不做。即使阿舍家有家廚，除非喜獲麟兒，否則也不會沒事就製作油飯。若有必要做油飯時，都會慎重尋覓，向懂得做油飯的總鋪師訂購，或向專業做油飯的店家購買。

早年的彌月油飯到底長什麼樣子呢？

過去的彌月油飯通常以圓盤盛裝，長條型紙盒是近年的事，並以七分鹹、三分甜的比例盛裝送禮。食用時還有個小技巧，可依「八分鹹、兩分甜」的黃金比例，將兩種口味的油飯同時入口，鹹中帶甜，口味曼妙，煞是迷人。若是遇到對吃不講究的人，先吃甜的再吃鹹，或甜、鹹交叉食用，都不會覺得順口。

用筷子夾起甜鹹交融的「老饕吃法」又是什麼樣的曼妙滋味呢？

我的感覺是鹹中帶著微微的甜，「迷人」兩字已難以形容，而是「驚豔」。鹹味在甜米糕的襯托下香氣更為明顯，整體味道融合卻又顯得淡雅，兩種味道夾雜並不唐突，反倒相互襯托，會讓人一口接一口停不下來。只可惜早年這種吃法都是長輩的權利，小孩子只能吃鹹油飯，因為甜油飯的分量太少，索性一句「小孩不懂品味」，讓這滋味頓時變成大人專屬。長大後才吃到這滋味，初品嚐時真是驚為天人，久久難以忘懷。

單純一盒甜油飯的話，吃多了會覺得膩，而當愈多人沒嚐過「鹹甜交融」的吃法，不懂同時入口的曼妙風味，甜油飯的存在地位自然也就消失了。

年幼時家裡長輩交際較多，吃到各家送來的油飯機率很高，我發現每一次嚐到甜油飯的甜滋味都不太一樣，會調皮地為送來的甜油飯私下打分數，看誰家的甜油飯最好吃。每次媽媽端上一小盤甜油飯時，深愛這滋味的我總忍不住偷嚐一小口，卻也讓整盤油飯出現明顯缺角。媽媽知道我喜歡那個甜滋味，總會笑笑說著「又有小老鼠來偷吃了」。

可惜時至今日，大家已很少吃到甜油飯，逐漸遺忘了還有

這道點心。我推測甜油飯的消失原因與師傅對於甜味的程度拿捏有關，因為製作甜油飯時若稍一失手，就會變得過甜，吃起來膩口而不受歡迎；但若擔心失手而綁手綁腳不敢放料，又容易做得不夠甜，帶不出味道。因此在製作甜油飯時，記住應有的甜滋味變得至關重要，倘若沒吃過，還真的不知道甜的定義在哪裡。

我曾聽長輩抱怨「現在的甜油飯不是愈做愈甜，就是做得不夠甜」，做得太甜會難以下嚥，不甜則覺得好像吃白糯米飯，只有米飯味而少了甜香，然而，恰到好處的甜味將讓甜油飯顯得格外誘人，清爽優雅的滋味在嘴裡綻放，教人怎能不喜愛。由於沒有高手能做出好吃的甜油飯，逐漸讓大家對甜油飯興趣缺缺，惡性循環下，師傅乾脆不做了，加上傳統禮制不再，甜油飯在市面上自然逐漸消失。

甜美又暖心的米糕粥

小時候嬤婆只要看到有人家請師傅來做油飯，都會向師傅加訂一些甜油飯，分贈親友，只因為用甜油飯煮成的米糕粥滋味最美、最好吃。單純用糯米煮出來的米糕粥會有點糜爛，吃起來濁濁糊糊的不清爽，用甜油飯煮出來的米糕粥則是湯頭甜美、清澈，小孩子都比較喜歡吃。

記得小時候每逢午後三、四點，總有阿伯推著板車沿街叫賣米糕粥。小孩子聽到響亮的叫賣聲只能偷偷吞嚥口水，不敢動心，因為根本買不起米糕粥這麼昂貴的高檔點心，也不敢奢望，只有經濟中上的家庭會買來當小點心吃。阿伯也很聰明，推車經過我們這群玩耍的小孩子身邊時，腳步總會突然變快，

甚至懶得叫賣。

　　零用錢不夠買米糕粥的小孩也有自己的打算，畢竟阿伯盛裝米糕粥的碗又厚又淺，即使平日省吃儉用，狠下心來買碗米糕粥解饞，根本吃不到幾口就沒了，這樣的交易對孩子來講不划算，倒不如去買較便宜的大麥粥，足足可以吃兩大碗，因此賣大麥粥的攤販才是最受平常人家歡迎的。

　　現在我平時也會做些甜油飯，除了解饞，冬天還會分裝成一包包放進冰箱冷凍，想吃的時候再拿出來，加一點龍眼乾煮成米糕粥，熱呼呼的甜滋味暖心又暖胃，香甜誘人，很受家人歡迎。

「這油飯聘誰做的？」

　　值得一提的是，早年的米糕不會陽春登上辦桌宴席餐桌，而是分成六種款式製作成六款米糕捲，包括四種鹹口味、兩款甜口味。四款鹹口味米糕捲所包的餡料完全不同；兩款甜米糕捲則分別有一款原味，一款加點肉末鹹餡，吃起來甜中帶點微鹹。

　　現今辦桌宴席上經常出現「紅蟳米糕」，早年這道菜的做法可是被視為太過簡單，甚至被認為有點投機取巧。相比之下，六款米糕捲才是「手路菜」，光要準備六種不同的餡料就很麻煩，米糕捲起來之後還要裹粉去炸，炸好後還得標示清楚，否則光憑外表很難分辨哪一款米糕捲裡面包了什麼餡料，倘若上桌時送錯，那可就糗大了。而此處不稱「油飯」主因是糯米上沒有額外鋪料也不是用於儀式，所以退一步稱為「米糕」。

　　言而總之，過往人們總得等到有特殊喜慶時才有機會吃油

飯解饞，不像現在想吃隨時可以下廚製作，時代的差異產生了不同的生活背景，現在的生活自由自在，想吃可以自己做，也買得到，可惜精品卻不多，只是人們好像也變得比較不挑剔了。還記得以前接到朋友送來的油飯都會問一句「聘誰做的」，餐桌上家人會討論師傅的手藝，成為另一種餐桌樂趣。

　　我之所以會做油飯，最主要是鄰居阿婆過世的先生曾經是總鋪師，阿婆婚後常要幫忙做油飯，練就了一番好手藝。雖然阿婆後來搬到我家隔壁時，生活條件已經改善很多，還是有很多熟客找她製作油飯，甚至鄉下親友喜獲麟兒也會請她幫忙。

　　阿婆年紀並不大，五十多歲就被稱為阿婆，以現在的眼光來看還真有點委屈。阿婆喜歡在廚房的後門備料，只要我發現她準備做油飯了，就會拿個板凳坐下來陪她聊天，同時觀賞她製作油飯，像個小跟班一樣，可以說幾乎是從小就看她做油飯長大，最後製作油飯的過程幾乎都會背了。

　　「看到都會背」可一點不誇張，因為阿婆像我燕官阿嬤一樣，很喜歡把心裡的話說出來，只要有我這名觀眾在，她就喃喃自語的訴說著每一個動作的原理，例如米要怎麼倒入鍋裡、水要怎麼瀝、米要怎麼蒸……因為倘若將米倒進鍋裡的動作太急，米粒容易碎；因為倒不均勻就不好蒸；瀝水也

有技巧，才能將水均勻分布在米上，至於用多大的火來蒸更形重要。聽久了自然就記住了。

每次阿婆在做油飯時，家人都嫌她太囉嗦紛紛閃避，只有我這個忠實觀眾會乖乖聆聽她的呢喃，長大一點後還會動手幫忙，現在想來，我的油飯師傅可能就是阿婆，而且七歲開始拜師，聽起來似乎還滿讓人驕傲的。媽媽總笑說阿婆是被我拐了，我的嘴甜死人不償命，讓阿婆每次做油飯前都會特別跑來家裡找我，看我幾點寫完功課才一起製作。

我製作的油飯頗獲家人喜愛，卻也意外引發了一段插曲，讓我一度必須深居家中不敢外出，至今想來還覺得有趣。

當年大嫂生第二胎時，大哥心想當初大兒子出生時曾請人做油飯分享親友，但那位師傅做的油飯風評普通，送得沒什麼意思，因此生下老二後，對油飯這件事顯得意興闌珊，沒想到這讓住在鄉下的親家母很不是滋味，打電話向我這閒著無事的小姑訴苦。我不想讓親家母難過，自告奮勇地說「我也會做油飯，不如我來幫忙好了！」

親家母一聽喜出望外，馬上打蛇隨棍上，決定隔天就搭公車到台南，她負責張羅食材，做油飯的事就交給我。親家母說只要分送親友報個喜就好，看起來小事一椿。大哥拗不過我和親家母的熱情，一口答應，然而在我承攬做油飯的工程後，看到親家母送來的食材分量，驚覺事情沒有那麼簡單，因為我雖有手藝，但過去都是少量製作，少有大批製作經驗，家裡又沒有大鍋可用，總不能為了做一次油飯就添購一批大鍋子、大火爐。

由於時間緊迫，我決定土法煉鋼，利用家庭式廚具因陋就簡的孤軍奮鬥，第一天下午四點開始備料、煉油，到晚上

十二點才動手做，由於烹煮工具有限，一次只能做出十來盒油飯。我忍著瞌睡蟲的誘惑，咬牙苦撐，從晚上十二點做到隔天中午十二點，做得灰頭土臉，總算湊足了一百盒油飯。親家母出現後品嚐幾口，大讚風味不輸店家，開心地和大哥出門送油飯，我則拖著疲憊的身體梳洗全身油垢味後，準備補眠。

沒想到才睡半小時，家中電話鈴聲大作，原來是大哥分送油飯給親友之後，好評不斷，大家紛紛詢問店家聯絡方式，大哥與有榮焉「這是我妹妹做的！」，親友們一聽是「自己人」，開始不客氣的打電話下訂單。睡夢中被吵醒的我接了幾通電話之後，想到剛結束一場噩夢，怎麼又來了！嚇得拔掉電話線，躲在家內足足兩個月不敢隨便外出，更不敢接電話。

過了兩個月幾乎足不出戶的日子，滿心以為大家應該忘了這件事了吧，沒想到剛出門就遇到吃過油飯的親友，依然熱情的想要訂購油飯。這次我較為理性，心想一次只能做十人份，訂單那麼大量怎麼接得完？那一年我過了辛苦閃躲親朋好友的日子。

話說回來，要想做出好吃的油飯，就是得一板一眼遵循很多步驟，必須按部就班才能做出好味道，我年輕時就懂得要耐著性子慢慢做，才能做出好吃的油飯，可是年輕時並沒有想過「傳承」這回事，也沒想過可以「擴大營業」，竟然只想到要如何閃躲，現在回想當時的心情真的很幼稚，不像現在樂在傳承之中。

油飯

材料	糯米	2斤	肉絲	10兩	滷肉粉	共5大匙
	香菇絲	50克	紅蔥頭	半斤	二砂糖	共約3大匙 又2茶匙
	蝦米	60克	沙拉油	約3大匙	醬油	共6大匙
	乾魷魚	半隻(70克)	白胡椒粉	1茶匙	水	

　　好吃的油飯應該是什麼味道？我認為米粒要 Q 彈、粒粒分明，加太多油包覆的油飯吃起來口感生硬；好的油飯油不會過多，只有「適當」兩個字可以形容。「適當」雖是最大訣竅卻很難拿捏。拿捏得好，煮出來的油飯軟 Q，吃起來充滿肉臊汁的香味，餡料則有輔助作用，好的餡料和油飯拌在一起吃，會有加分效果。

　　值得注意的是，糯米本身帶有些許甜味，因此在調味時，餡料味道會調得比較淡，而要用來拌油飯的湯汁要稍微調得鹹一點，如此調好的油飯，米飯和餡料的味道才會融合，這就是食物撞擊力量產生的味覺差距。

　　做油飯一定要選台灣本土產的糯米，進口糯米做起來不 Q、口感又硬，嚐起來和台灣糯米有一段很大的距離，想做出好產品，不需要貪此小利。如何分辨進口和本土糯米？進口糯米米粒較細、外表較白，台灣糯米比進口略為細長，而且外表較粗，顏色較黃。

　　我通常會選長糯米來製作，因為用長糯米做油飯最恰當。

　　製作油飯時，我會先把各種材料炒好，最後才蒸糯米，一切就緒後，接下來真正製作時才不會手忙腳亂。我也習慣多做一些材料，分別包裝放冰箱冷凍起來，日後想再做油飯時，只要拿出來解凍、加熱，再蒸些糯米就好，省時又方便，是化繁為簡的好方法，我的冰箱裡面也常會有一罐爆好的紅蔥頭油，方便我臨時起意想動手做油飯時，可以輕鬆入手，只要邏輯對了，將做菜當成一門藝術來演出，心情自然就很好。

　　以下我以兩斤糯米的量來計算並示範做法，配方可依各自需要加乘。兩斤糯米大約可煮出三斤六兩重的糯米飯。

　　千萬別嫌多，兩斤糯米其實是製作的最基本重量，製作台菜時若分量太少，味道就不好調，分量多一點味道才會更足，建議現代小家庭做好後分成一包包冷凍起來，想吃時再解凍重新蒸過即可，或與親友分享。

食材處理與備料

FOOD

│ 糯米 │ 洗淨，泡兩個小時水。

- 這裡採乾蒸方式製作，若不先泡兩個小時水，水分的需求不夠。

- 有些人為了貪快，會用溫熱的水來泡米，也有人將米浸入滾水中川燙，這兩種方式都會很快蒸熟米，可省瓦斯，只可惜蒸出來的米一點都不Q。

- 有些人會將糯米泡水一整夜，隔天再拿出來蒸，因為糯米泡水愈久，隔天愈容易蒸熟，比較省瓦斯，但這種做法對年紀大一點或腸胃不佳的人而言並不好，浸泡隔夜的糯米吃了容易溢胃酸，因此我只會在蒸米之前將糯米泡兩小時的水，雖然蒸的時間會稍久，但吃了不容易溢胃酸，也比較安心。

│ 肉絲 │ 加 3 大匙醬油、1 茶匙糖、1 茶匙白糊椒粉和 2 大匙滷肉粉，用手搓揉一下使其入味。

│ 香菇絲 │ 和 │ 蝦米 │ 分別泡水。香菇水要留下以製作肉燥汁。

- 不可以用熱水泡，以免香味出不來。

- 若不知道泡多久，兩者分開泡廿至廿五分鐘即可。

- 香菇絲只要看到膨脹起來、鬆軟變厚即可。

- 香菇最好用台灣生產的，味道比較香，尤其能買到黑扁菇更好，千萬不要用新鮮香菇，新鮮香菇不適合用來爆香。

| 乾魷魚 | 剪成約 0.3 公分的細絲，泡水。魷魚水要留下以製作肉燥汁。

- 不可以用熱水泡，以免香味出不來。
- 若不知道泡多久，泡廿至廿五分鐘即可。
- 魷魚要買乾貨，不要買新鮮的（不同產地的魷魚、不同店家晒出來的魷魚爆出來的口味會有少許差別，可以多做幾次，選擇不同廠商的魷魚，慢慢找出心中的第一名）。

| 紅蔥頭 | 去頭、剝皮、切片。

炒製餡料
RECIPE

1 冷鍋放入切好的紅蔥頭，再倒入沙拉油。油只要淹過紅蔥頭約一、兩公分即可。

2 開小火翻炒。剛開始鏟動時動作可以稍慢，火力不用大。

　· 千萬不能貪快而開大火，否則只會得到紅蔥頭酥，油也無法帶有香味。

3 慢慢炒，時間是最好的利器，約十五分鐘後會慢慢散發出香味，這時要繼續慢炒，千萬別離開鍋子，手不要停，直到濃郁的紅蔥頭香味飄出、紅蔥頭呈現金黃色（這時的紅蔥頭還是溼軟質地），停止爆炒。

　· 油溫愈高，香味愈濃，爆過頭的紅蔥頭會過度焦黃，有苦味。

4 分離紅蔥頭與紅蔥頭油。

5 原鍋加入 1 勺炒菜鏟紅蔥頭油和少許紅蔥頭，爆酥紅蔥頭。

6 加入蝦米，以小火炒到蝦米不含水分後，起鍋，放一旁備用。

・ 蝦米還有水分時在鍋裡會蹦蹦跳，必須炒到蝦米不再彈跳，代表此時蝦米已經不含水分。

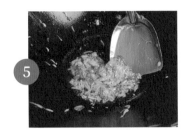

7 原鍋加入 2 茶匙紅蔥頭油，放入魷魚，以小火炒。

8 炒約一分鐘魷魚傳出香味後，起鍋，放一旁備用。

9 原鍋放入 1 茶匙紅蔥頭油，放入香菇絲，以小火炒。

10 爆炒到香味四溢時（約三分鐘後），加入 3 大匙糖和 2 大匙醬油快速翻炒。倒出備用。

・ 加點糖和醬油可讓香菇絲焦糖化，在滷的過程中，香味更加分。

・ 我常趁爆炒香菇絲時多炒一點，放在冰箱裡，日後要煮麵就拿出來添加，讓湯頭更好。

11 炒好蝦米、魷魚和香菇絲後，洗鍋。

12 鍋中加一炒菜鏟勺的紅蔥頭油，油熱後再放入肉絲爆炒，等肉上色就翻動一下，別讓肉絲黏鍋。

13 待肉上色即可加入炒好的蝦米、魷魚絲和香菇絲，炒到肉絲炒熟為止。

· 先費工爆炒肉絲而不是直接下鍋煮，主要是爆炒過的肉絲下鍋煮才不會出現肉渣；若沒爆炒，生肉絲直接下鍋滷煮，將飄浮一層肉渣。

14 加入 3 勺炒菜鏟的紅蔥頭油，再依序加入預留的香菇水、魷魚水和 300 cc 水，最後加入 3 大匙滷肉粉、1 大匙醬油和少許二砂糖。

· 滷肉粉有花生成份，對花生過敏的人千萬不要用，可改加五香粉。

· 二砂糖在這裡只扮演著食物相互震盪的提味作用，不能放太多。

15 滾約兩分鐘後，為肉臊汁做最後調味。

· 口味可依個人喜好調整。但要調鹹些，否則拌入米飯裡的味道會很淡。

· 為何不一開始就調好？若一開始就調好的話，鋪在油飯上層的蝦米、香菇、肉絲和魷魚就會過鹹，兩次調味有其必要性。

16 在滷汁裡加入一大勺紅蔥頭油，稍滾後攪拌拌勻。

· 之所以用「油飯」命名，不稱為「米糕」，正是因為在這個步驟中，在滷汁裡添增了一大勺油，滋潤糯米。

1 準備好一大塊米白的布，是為「粿巾」。把溼粿巾鋪在蒸籠裡。

　· 買粿巾時千萬要注意，粿巾有兩款，一款是濾豆漿用的，一款則是蒸米用的，搞錯了使用上會不順手，購買時要向商家講清楚用途。

2 把泡好的糯米瀝乾，倒入蒸籠內鋪好抹平。

3 用手指頭挖幾個小洞以方便透氣，也比較容易熟。

★ 用電鍋蒸的小叮嚀──倘若想投機取巧用電鍋來蒸糯米，米粒的 Q 度絕對不如大火蒸的口感，但若沒蒸籠，也可以使用電鍋。內鍋比例方面，一杯糯米只能加零點六杯的水，而非如煮白米飯般一杯米配一杯水，否則煮出來的糯米一定會糜爛。

為了蒸透一點，我推翻內鍋一杯米、外鍋一格水的蒸法，外鍋通常會放一整杯水，將它蒸得夠也蒸得透。外鍋只有一格水時，通常蒸出來的糯米不會透，反而硬硬的很難吃，外鍋加一整杯水比較安全，也比較容易讓鍋子裡的水蒸氣浸入糯米裡，吃起來較為鬆軟。

4 開大火蒸約三十分鐘，中途不要掀蓋。

　· 水滾後才放上蒸籠，並開始計時三十分鐘，水沒滾都不算數。

　· 因製作過程不能再半途加水到蒸籠鍋內，所以一開始要多倒一點水，水量才夠蒸三十分鐘。

　· 蒸糯米時，蒸籠的上蓋要蓋得很緊，而且一次只能蒸一籠，若貪心想一次蒸兩層的話，下層會泡進很多水，上層則未必會熟，同時蒸兩層會是雙輸。

5 蒸到三十分鐘時，掀蓋，將糯米用飯勺或木匙稍微打鬆，並灑常溫水約 150cc 拌勻，讓米粒再次吸滿水。

6 蓋上鍋蓋續蒸八分鐘。關火，悶十分鐘。

　· 「靠鼎」這個小祕訣會讓蒸熟的糯米在柔軟中又帶點 QQ 的口感。

7 連同粿巾將熱騰騰的熟糯米拿出來，倒入大鍋或大盆裡。

8 依比例淋上滷好的肉臊汁，拌勻。

　· 肉臊汁比例：兩斤糯米飯配 600cc 肉臊汁、220 克餡料。

　· 若肉臊汁放得太多，米粒不僅會變軟糜，底部還會沉澱一層油。

　· 雖有建議比例，但仍需用眼睛觀察，因為不同時間出產的糯米，肉臊汁所需要的量可能稍有不同。主要評斷標

準是必須讓肉臊汁滲入米心，讓每粒糯米吃起來味道十足。

9 將剩餘的蝦米、香菇絲、肉絲、魷魚等餡料鋪在油飯上面擺飾。

| 注意 |

1. 分別爆炒的過程中，不要加入太多紅蔥頭油，否則最後熬出來的滷汁會太油膩。若用這種過油的滷汁拌糯米，冷卻後吃起來會有生硬的口感，吃不到軟 Q 的糯米香。

2. 油是一定要有的，油也會增加賣相，使之有油亮感，但口感上則會油膩，必須掌握「適中」兩字，不可過頭。

3. 不要以為肉臊汁拌多了就能讓油飯更香、更濃、更入味，其實那只會讓米粒沾黏在一起。上等油飯求的是米粒分明、晶瑩剔透，吃起來又香軟又 Q 彈。

4. 每個步驟都要趁熱做，只要掌握這個訣竅就是成功了。

| 甜油飯 |

甜水比例：
300cc 水配 100 克二砂糖、12 克沙拉油。

十兩糯米飯澆 50cc糖水。

筒仔米糕

筒仔米糕 ”

筒仔米糕簡單來說，就是將糯米和一些醬料放在一個短小的圓柱形「筒仔」裡面蒸出來的米糕，很多人喜歡吃筒仔米糕是因為它的口感很緊實、很Q，和米糕鬆軟的口感截然不同。而雖然都是糯米製作的產品，筒仔米糕和油飯也不一樣，油飯是油的，筒仔米糕雖然是吃糯米飯的感覺，但油不多。

傳統的筒仔米糕使用的是像杯子形狀的陶製容器，和現在的鋁製容器相似，雖然以前陶製容器的高度只有現今的三分之二，又沒有肉絲、香菇、魷魚等材料，卻因為裝填扎實，反而比較容易吃飽。

早期筒仔米糕使用的筒仔是紅色陶土捏製的，外表有點粗糙，清洗時容易摔破，由於陶瓷毛細孔多，可以調節水分，蒸出來的糯米口感比較Q彈，也比較乾爽，不會帶來多餘的水分。可惜這款筒仔已經很少人燒製，市場上取得不易，現今筒仔米糕的筒仔大多改為不鏽鋼，比較輕且不怕摔壞。

現在市面上雖然還看得到筒仔米糕的蹤影，使用紅色陶土塑造「筒仔」的傳統筒仔米糕卻幾乎完全消失了，只能期盼或許在某個不起眼的角落還能尋得紅色陶土筒仔米糕的蹤跡。

筒仔米糕初體驗

我小時候，使用傳統陶土製作筒仔的筒仔米糕隨處可見，也一直環繞在我身旁，不過父親喜歡吃台南米糕，總帶著我到處品嚐，反而讓我一直沒機

會嚐到傳統筒仔米糕。而父親不帶我吃筒仔米糕的原因，竟然是因為認為筒仔米糕的分量太多，適合「吃個粗飽」的消費者，不適合我一個小女生吃。

由於父親的關係，讓我對這款在生活周邊隨處可見的筒仔米糕反而極為陌生，對紅色陶土蒸出來的筒仔米糕充滿了好奇，不只是筒仔外表特殊，也很想品嚐筒仔蒸出來的米糕是什麼樣子。

這個問題環繞腦海多年後，讀高中的某一天，二哥突然神祕兮兮地帶我到當時台南市博愛路旁一家賣筒仔米糕的店（這家店在三十多年前也消失了），那是我第一次與筒仔米糕相遇，這才一解我多年懸念。

我們兄妹倆坐在攤子前，只見老闆以一隻宛如不怕燙的左手，直接從仍然冒著白煙的蒸籠裡拿出筒仔米糕，右手則拿著竹片，俐落地先沿著筒仔內緣繞一圈，將米粒和筒仔分離，再將筒子倒扣在碗裡，如此完整的筒仔米糕就出現了。老闆淋些醬汁到筒仔米糕上，再灑一點魚脯，從頭到尾一氣呵成，動作十分熟練。

我和二哥迫不及待拿起餐具大快朵頤一番。這是我第一次吃筒仔米糕，一時驚為天人，感覺是難得的極品。筒仔米糕端上桌時，只覺一陣醬香和米香撲鼻而來，其中還夾雜著淡雅的油蔥味道，沒有任何配料，但是夾一口糯米送入口中，只覺米粒香Q，一點也不軟嫩，水分的供給恰到好處，味道簡單又純粹，而且愈嚼愈香，不自覺又點了一份。

筒仔米糕 vs. 米糕

我發現筒仔米糕和米糕不僅做法不同，連味道和口感也有

些差異。筒仔米糕的口感緊實，吃的是米香；米糕鬆軟，吃的是拌油蔥酥的滷汁香味。筒仔米糕分量足，以油蔥香味取勝，醬汁淋得較多，但卻少了肉末，不像米糕上面有一塊塊的肉臊。

筒仔米糕和米糕在呈現上也有差異。筒仔米糕攤上桌迅速，店家將一個一個的筒仔米糕倒扣在碗裡，再淋上醬汁並灑些魚脯，加幾片事先醃好的黃瓜。短時間內就能讓這道簡樸的小吃盛盤上桌，滿足飢腸轆轆的食客。

米糕的上桌過程則像極了一場視覺饗宴。到米糕攤前點一碗米糕後，攤販會熟練地拿個淺淺的厚碗，用竹爪子挑起少許蒸好的糯米飯，擺放在碗中間一圈，然後拿碗的手會輕巧地把碗轉一圈，另一手拿起湯杓舀起肉臊汁均勻的灑落糯米飯，再舀一匙肉臊丁擺在糯米飯上頭，最後灑上一些魚脯、幾片小黃瓜。米糕攤販的雙手搭配極好，且動作快速，填糯米飯、灑肉臊汁的過程一氣喝成，一點點時間就將肉臊汁均勻的飄到飯上並端上桌，顧客等待時間好似在看一場表演。

總之，筒仔米糕和米糕的做法不同，風味也有差異。筒仔米糕比較屬於庶民點心，米糕在當年則屬於宵夜，不是整天都可以吃到，也是一道高級點心。

民族路夜市的筒仔米糕攤

只不過，材料如此單純的筒仔米糕，現今社會真的很難找到。約十年前台南市立人國小一帶還有一名老婦人守著老攤位製作，但經營得很辛苦，因為對有些客人而言，如此簡單的口味，總嫌太樸實，完全不了解愈簡單的東西其實愈難料理。

這幾年聽說有些筒仔米糕加入了香菇、肉絲、魷魚，我想

應該是創新菜吧！我對於這樣的組合連一點嘗試的意願都沒有，因為筒仔米糕若要加肉絲、香菇、魷魚，就得和油飯一樣先蒸熟，做法就會和油飯一樣，只是完成後再填入材料而已，不再是吃米香和手藝真功夫了。要知道，好的筒仔米糕是靠手藝的按壓，鬆緊度要恰到好處而不過之，若加了香菇、肉絲、魷魚，那連按壓的空間都沒有，做出來的筒仔米糕就變瑕疵品了。

十幾年前我在台南市原來的立人路旁，發現一家仍然保留傳統使用紅色陶土為筒仔的老店，當下驚喜萬分下車探訪，年邁的老闆娘像是盼到等了一輩子的知音般，面對我鍥而不捨的各式詢問，依然耐心的有問必答，甚至不藏私的示範整個製作過程，讓我有如獲至寶的感動。

原來老闆娘早年在台南市民族路夜市擺攤賣筒仔米糕，她說那段時間可說是筒仔米糕的黃金期。當年吃筒仔米糕的客人比吃台南米糕的多太多了，因為台南米糕當時的價格較高、分量卻少，不像筒仔米糕平價。

老闆娘說，當年民族路上有好幾個賣筒仔米糕的攤位，以她和先生經營的筒仔米糕攤生意最好，每天開市後夫妻兩人分工合作，先生掌管攤前生意、招呼客人，她則負責清洗用過的筒仔，再裝填食材繼續製作，每晚客人絡繹不絕，一個晚上翻了幾翻都難以計算，生意好到讓她至今依然念念不忘。

後來民族路夜市拆除，她順勢休息幾年沒有出來擺攤，期間老闆娘的先生不幸車禍過世，她在家閒著無聊，才在立人路找間租金便宜的小房子，繼續擺起小攤位賣筒仔米糕。

老闆娘不懂如何宣傳，卻仍有舊雨新知聞風而來，還有老顧客從台北回台南後不回家，先到攤子吃一份魂牽夢縈的傳統

　　台南市民族路曾是有名的「夜市街」。源於赤嵌樓、石精臼一帶的民族路兩旁，後來因人潮聚集，攤位不斷擴張，最後變成在民族路上綿延兩百多公尺，聚集近四百個攤位，成為台南市最大的夜市，每天入夜後整條民族路熱鬧滾滾，還有不少外地民眾慕名前來，「看誰能從路頭吃到路尾」成為不少台南人向外地朋友炫耀的一句話。

　　可惜夜市的興盛也衍生出了市容、交通和環境衛生等問題，約民國七十幾年時由市政府動手拆遷，攤商遷往他處，民族路夜市就此結束。當年民族路夜市受歡迎程度，至今仍讓老台南人津津樂道，有些攤商會在攤位上懸掛寫有「民族路夜市」字樣的看板，強調自己是當年大受歡迎的老字號店家。

筒仔米糕過癮，要回台北時又來打包北上和朋友分享。這種老顧客是老闆娘最有成就感的一刻，可惜客人和以前相較還是少了很多。她笑著說，現在自己的手藝沒變，口味也沒變，只是換了地點，客人就流失了。

筒仔米糕製作祕訣

　　老闆娘說，做筒仔米糕的祕訣在「不要新米要老米；不選進口糯米要本產糯米」。進口糯米外表較細、較白，顆粒比台灣糯米略長；台灣糯米比進口米較粗、較黃。口感上台灣糯米有米香味，口感較 Q，進口的糯米口感較軟糜。

在我的央求下，老闆娘不藏私的示範了筒仔米糕的做法。只見她在紅色陶土製的筒仔底部放入爆好的油蔥醬，再將拌好醬油調味的糯米放入筒仔裡。放入米粒時，左手要握著筒仔順勢轉圈，右手大姆指按緊，讓米粒緊緊躺在筒仔裡頭。老闆娘說，別看這個小動作，這可是「江湖一點訣，講破不值錢」。當年夜市裡其他攤位的老闆不懂這個技術的重要性，忽略了這個小動作，只將米粒倒進去，再加水就上蒸籠蒸，如此蒸出來的米糕就鬆軟不 Q 了。

當年老闆娘就是靠著這個小動作，讓她家製作的筒仔米糕更緊實、米粒 Q 彈有勁，儘管她每天工作的時間比別人長，製作速度也比較慢，但生意在當時的民族路夜市仍賣得嚇嚇叫，只要開市，先生的手就不曾閒過，有時候她還會放慢裝填米粒的速度，讓先生有機會休息，夫妻倆就靠這小攤子養活了一家人。

油蔥是筒仔米糕的靈魂

我好奇如此好吃的筒仔米糕是否有加香料，老闆娘說食材的原味很重要，新鮮的紅蔥頭就是最香的香料，筒仔米糕是最簡單的小吃，擁有的只是紅蔥頭、醬油、糯米三種不同食材的香味，這些東西都很簡單，組合起來卻很完美。

老闆娘說，筒仔米糕好吃的祕訣在鋪於底部的油蔥醬，油蔥必須用紅蔥頭爆炒，再加一點醬油和冰糖熬製。每次只要有空，她就會花一下午時間做一大鍋油蔥醬放在冰箱慢慢用，畢竟客人沒那麼多了，用量不如過去大，而且油蔥酥醬放愈久愈有熟成香味，只需封好密封罐，不要讓水氣進入即可。

而說到油蔥醬，真的可說是整個筒仔米糕的靈魂，而此靈

魂的關鍵在於爆油蔥的功力。

可不要以為爆油蔥是簡單的事。首先，單是生油蔥就得耗時間用剪刀剪成細碎片，接著得用小火加油慢爆，速度愈慢雖然愈耗時，卻能將油蔥的滋味完全釋放。如此一來，瀝掉油以後的油蔥不是酥脆狀態──畢竟不是「炸」成油蔥酥──而是將油蔥滋味完全爆出，呈現出軟爛含油的樣貌。

爆好的油蔥是最佳的蒸米糕利器。取一些油蔥加醬油與少許水熬成湯汁，再將滷煮好的軟爛油蔥均勻平鋪在筒仔底部，必須是薄薄一層，不能放太多。不要以為是靈魂就得放很多，若一昧放入太多油蔥醬，只會使筒仔米糕蒸好後變得太濃嗆，不夠柔和。

油蔥醬鋪好後，再放入糯米並以手指輕壓緊實（千萬不能太用力），最後在筒內倒入糯米零點六倍的湯汁。把一個個筒仔米糕放到蒸籠裡面蒸約莫四十分鐘後，拿出來倒扣在碗裡，就可端給客人享用。

有些店家手藝不夠好，擔心自己做出來的筒仔米糕無法讓客人吃到香噴濃郁的味道，想出了取巧的方法代替：將醬油加一點糖水、油蔥酥熬過再略微勾芡，以加調味醬的方式增加口感。後來社會經濟好轉，有些筒仔米糕上面還會灑一點魚脯，讓內容更豐富。

魚脯在筒仔米糕裡只是配角，有些人認為魚脯多加一點比較好吃，其實魚脯的分量著重在適當，加太多了反而喧賓奪主。想分辨魚脯是否加了豆粉也有訣竅，沒加豆粉的魚脯，淋上醬汁時仍保持乾爽分明，加了豆粉的魚脯碰到醬汁則會黏結起來，變得很溼潤。

紅色陶土「筒仔」

老闆娘到立人路擺攤時，雖然保有傳統製作筒仔米糕的筒仔和做法，卻也有幾分無奈，因為發現平常使用的陶土筒仔已經不再生產，市面上大多用金屬筒仔取代，即使找上熟悉的店家，也只能買到上過釉的陶製容器，不再是早期的筒仔。這讓她十分珍惜陪伴自己多年的傳統陶土筒仔，每天清洗陶土筒仔都小心翼翼，深怕一不小心摔壞了無從補充，只要容器消失，她就無法開店了。

我好奇傳統容器和現代容器有何差別，為什麼要這麼珍惜？老闆娘說，古早紅陶土製的容器有很多毛細孔，蒸糯米時對水分的調控非常方便，蒸出來的米糕米粒特別香Q，其他容器就沒有這個優點。

另一方面，製作筒仔米糕時，加水技巧很重要。因為紅色陶土捏塑的筒仔有很多毛細孔，調節水分能力強，不會因為天氣變化而影響品質，所以加水時更得倚靠經驗，蒸的時候火要開到最大，水蒸氣夠強、夠熱，一股作氣蒸出來的米才會Q。

老闆娘還特別強調，筒仔米糕不可以大量蒸好後先放冰箱儲備，需要時才拿出來賣，必須算準一天賣多少量，一大早起來淘米、鋪油蔥料在筒底、放米粒按壓，大火蒸煮後放在小蒸籠裡蒸，如此才等客人上門。若是先蒸好放冰箱儲藏，隔天要賣時再拿出來回蒸，必定走味，米粒會變得比較不Q，香味也不足。

凋零的滋味

老闆娘不諱言，現代人的味覺變了，沒有以前客人的嘴刁，有些攤販做起筒仔米糕很輕鬆，沒有什麼技術可言，消費者依

然吃得津津有味，還有店家將已經蒸煮拌好的油飯直接放入金屬筒仔，再放進蒸籠稍微蒸一下就拿出來販售，筒仔好像變成了模型而非蒸炊器具，做出來的筒仔米糕自然走味許多。

她認為這種抄捷徑做出來的筒仔米糕在口感上會變得很乏味，難以吸引人，未嚐過傳統口味的年輕族群吃到這種筒仔米糕一定會失望，甚至誤以為這就是原味，久了自然認為筒仔米糕只是口味平庸無奇的點心，讓她對筒仔米糕的未來擔憂不已。

我的確看過有些攤販無法算準製作筒仔米糕所需的水量，乾脆將糯米蒸熟、拌好醬汁，倒進鋁製容器填壓再拿去蒸，做出來的成品自然口感貧乏。但若沒有饕客質疑，店家也樂得輕鬆，卻很可能以訛傳訛，可見饕客的存在的確很重要。

老闆娘說，筒仔米糕已有很長一段歷史，這幾十年卻拚不過外界的變化，除了容器改變，連數百年來一成不變的做法也面對「改良」。她曾好奇試吃坊間「變化版」筒仔米糕，不了解那種口味的筒仔米糕怎麼會有死忠跟隨者？畢竟只有美食才能引起饕客的追隨啊！

我則感覺以前的筒仔米糕不像現在市面上販賣的那麼大碗，製作方式也比較精巧，就像傳統的擔仔麵一樣，使用小小淺淺的碗盛裝，吃的是湯頭的曼妙滋味，這類變化也不僅是前述這幾道小吃，有些店家直接掛著寫有「米糕飯」的招牌，標榜「可以吃飽」，不再是「吃巧」，現在點心的定義和當年不一樣了。

想當年我一個下午時段就可以在街上吃兩、三攤不同口味的點心，每樣分量都很小巧，頗能滿足味蕾的貪心卻又不負擔，但也不知道為什麼，時代變了，現在每個店家都推出能吃飽為主的點心，讓小吃變成不再是點心了。

重出江湖的老闆娘一直很想再好好揮灑，可惜傳統的經營方法很辛苦，會上門的客人也不多，讓她慨嘆能做多久自己也不知道，只能盡力做。那時候一顆滷蛋賣十元，唯有這家店的滷蛋一顆只賣五塊錢，並不是她的蛋取得便宜，而是老闆娘容易知足，認為薄利多銷就好，光這一點就讓我佩服老闆娘的豁達。

這幾年我經過立人路發現老店已經關了，也尋覓不到老闆娘，但是我忘不了筒仔米糕那股誘人的風味，即使想自己如法炮製，也因為找不到傳統陶土捏製的筒仔，只能望爐興嘆，畢竟少了筒仔，自然就不叫筒仔米糕了。

走訪古早味過程中，就屬這家老店讓我最感無能為力。一切在我眼前，卻只能任憑它消失，一點力也使不上，我真的很懷念這家老店，更期盼這類傳統老店能再度重現江湖，讓好滋味繼續飄香。

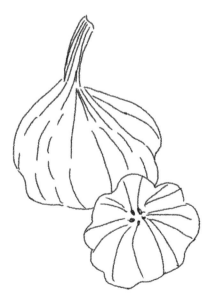

	紅蔥頭	半斤	台灣糯米	495 克
材料	醬油	50 cc	油	適量
	水	80 cc		
	二砂糖	約 40 克（依口味調整）		

| 食材處理與備料 | FOOD

| 糯米 | 洗淨後泡一小時。

▪ 若用老米則要泡更久一點。

| 油蔥醬 |

1 紅蔥頭去頭，切碎，倒入冷鍋裡。

2 將油加入鍋裡至淹過紅蔥頭，再開文火，以文火慢慢爆約二十分鐘。

3 將爆好的油和油蔥分開。

▪ 瀝出的油此處用不上，但可以留待炒菜用，炒出來的菜特別香。

4 將爆好的軟嫩油蔥加入 50 cc 醬油、80 cc 水和少許二砂糖，以文火煮約二十分鐘。

5 從滷好的油蔥醬中瀝出油蔥，把醬汁和油蔥分開，備用。

1. 在筒仔最底部填入滷好的軟油蔥。

2. 將 55 克糯米放入筒內約至一半高度。

3. 用大姆指輕輕按壓米粒，讓米略微緊實。

　‧經過按壓後蒸出來的米較為緊實 Q 彈。

4. 加入 50cc 滷好的醬汁。

　‧醬汁高度約略醃過米粒。

5. 蒸籠裡面加七分滿的水，等水滾後，將做好的筒仔一一放入，以大火蒸二十五分鐘。

6. 蒸足二十五分鐘後熄火，但千萬不要掀蓋，再悶個十分鐘。

　‧這個動作俗稱「靠鼎」，有靠鼎蒸出來的米比較 Q。

7. 拿出蒸好的筒仔，用竹片沿筒仔邊畫一圈，就可扣出食用。

　‧不建議吃滾熱，稍待冷卻、略微常溫，才是筒仔米糕最佳食用時機。

炸菜丸

炸菜丸"

每次踏進台南東菜市場看到素食攤在炸菜丸的畫面，總是勾起我的童年記憶，宛如反射作用般迅速掏腰包買些菜丸回家，甚至現場就開始品嚐起來。只因為炸菜丸當年可是一道非常受歡迎的菜餚，可惜小時候在街頭或菜市場常吃的炸菜丸，近年市面上已經很少見到。

炸菜丸的文化到底有多久，其實很難估算，我小時候家裡餐桌上就有炸菜丸，也好奇問過母親，她同樣說小時候就有了，如此推算起碼有近百年以上歷史吧！應該是早年人們生活較為辛苦，在吃膩千篇一律的青菜做法之餘想出來的點子，用炸青菜的方式讓餐桌菜餚多些變化，平常還可以當零食吃。

早餐稀飯必備

炸菜丸在當年人們日常生活中扮演著重要角色，是距今三、四十年前很多人家早餐餐桌的菜餚之一，有些人還會買一大包現場當零食解饞。當然，買了直接吃在那個年代相當奢侈，如此「豪邁」吃法是有錢人家才會做的事。

當年，每天早晨都有小販推著裝滿各式醬菜的攤車沿途叫賣，通常市區的媽媽們會先煮一鍋清粥，再到門口買些不同口味的醬菜，如此便成為全家人的早餐，不過醬菜吃久了總是會膩，這時就會買些菜丸配著稀飯吃。身為老台南人，我每次吃稀飯沒有配菜丸總覺得遺憾，彷彿那好似當年台南人

的全民運動，早餐不配點炸菜丸總覺得有點怪怪的。

　　炸菜丸的準備工作並不複雜，將各式蔬菜切碎，再與一些粉漿調和，然後用湯匙挖成小圓球，放進油鍋裡炸成金黃色，瀝油之後就賣給一旁等候的顧客，熱熱吃除了可吃到炸過的蔬菜香味，還會迸出菜汁。

　　炸菜丸的器具簡單，入門款很低，對業者來說負擔不大，只要擁有好技術和配方就可以生存，但事前準備的切菜手續可就異常瑣碎，費時耗工、獲利又低，因此通常都是婦人經營，拿來貼補家用，攤子上一切講求簡單、實用，每天早上五、六點就用扁擔挑到定點販賣。

　　扁擔前端那一頭，挑著一個用編織竹片和竹子捆綁的四方型架子，上面挖個洞方便放裝滿油的油鍋，底下擺著小火爐，裡面燒著木炭，油鍋上有個鐵架用以瀝油；扁擔另一頭，則挑著一、兩個鋁製大水桶，桶裡是調好的蔬菜粉漿。

　　就這樣用一根扁擔，賣菜丸的婦人挑著簡單的生財器具到達定點後開始擺攤販賣，大約早上七、八點就賣完回家，販賣時間不長，晚來的顧客甚至吃不到，整個工作從切菜、放粉漿調和等，完全靠人力，賺的就是手工錢。

　　喜歡吃菜丸的我曾經好奇跟著媽媽出門採購。只見擺攤的婦人站在攤子旁，左手拿起一團裹著粉漿的原料，右手拿個湯匙，左手稍用勁擠出一點略呈圓型的材料，右手快速用湯匙刮下，一球球丟進油鍋炸，等油鍋擠滿菜丸後，再用右手拿著長筷子在油鍋裡面翻滾菜丸，讓每顆菜丸在鍋裡均勻受熱，然後婦人會用長筷子輕敲菜丸，看看是否已經開始變脆了，一旦感覺筷子一端傳來酥脆手感就表示已經炸熟，便趕忙夾起到鐵架

上瀝油。遇到顧客上門，婦人拿出一張日曆紙，熟稔的輕扭旋轉成漏斗狀，把炸好的菜丸放進去包好，交給客人帶走。媽媽怕用日曆紙包的菜丸燙手，總是拿個盤子去裝。若依現在眼光來看，當年賣菜丸的過程可說是既快速又環保。

　　小時候我好奇業者收攤的方式，曾經故意拖到很晚才到攤子上當最後一名顧客，買了菜丸就站在一旁看婦人做最後的收拾，當時油鍋裡面的油只剩下六分滿，但還是很燙，婦人會趁著熱油轉涼的空檔，先從後方角落拿出掃把和水桶清掃地面，畢竟製作過程難免掉下粉漿和碎菜葉等雜物，做完生意後還給主人家乾淨的環境是必須的，她也會利用時間，把帶來的兩個水桶都洗乾淨。

　　由於此時水桶裡的蔬菜粉漿已經賣光，為了回家路程保持扁擔前後平衡，婦人將火爐放到水桶上增加重量，如此前面是待涼的油鍋，後面則是裝了火爐的水桶，扁擔兩頭的重量就平衡不少。擔心油鍋的熱油會灑出來，加上挑著東西走路本來就很吃力，回程的步伐速度不能太快，婦人通常會選擇離家不太遠的地方擺攤，畢竟一天生意做下來獲利不多，跑太遠根本划不來。

每一攤各有特色

　　炸菜丸的攤位當年真的非常普遍，街頭巷尾總有一、兩個固定攤子。而之所以能在固定地點擺攤，主要是屋主願意提供場所，在那個人情味濃郁的年代，屋主通常會體諒業者所賺不多，時常免費出借使用，但也有些會酌收便宜的清潔費，讓業者可以放心的持續經營。

或許你懷疑一條街有兩、三攤賣炸菜丸，生意豈不相當競爭？其實每一攤的蔬菜配料都不一樣，各有各的祕方，炸出來的效果也不同，而且粉漿裏的多寡也不一，因此口感各異，久而久之各攤都擁有自己的擁護者，評價也會口耳相傳，顧客選擇變得多樣化，這也是菜丸在餐桌上歷久不衰的原因之一。

　　有一次爸爸一大早騎腳踏車，慕名到民族路買菜丸回家讓我們嚐鮮，直誇是最好吃的菜丸。我記得那款炸菜丸只用豆芽菜加豌豆粉、再加點鹽調味，入口感覺格外清爽好吃，菜丸外層裹著酥脆的粉漿，一口咬下去迸出豆芽菜汁的鮮甜味，特殊的感覺直到今日我都還清晰記得。

　　要知道早年很多蔬菜沒灑農藥，難免會有菜蟲，只有豆芽菜是用水培養出來的，也因為如此，過去豆芽菜是大家認為「最乾淨」的蔬菜，所以那時候最高級的菜丸就是豆芽菜菜丸。依現在眼光來看，豆芽菜早年竟然是高級品，有點不可思議。

豌豆粉的消逝

　　製作菜丸的粉漿用的是豌豆粉，當年攤販都會到專門磨粉的「粉間」買一、兩天量的豌豆粉，新鮮現用，用完再買，不敢一次大量採購，那時的「粉間」有大石臼，可幫忙將豌豆磨成粉。現在我偶爾興致來時也會炸豆芽菜丸，可惜現在豌豆粉不好買，不放冰箱又會長蟲，保存不易，難以經常製作。

　　豌豆粉的沒落其來有自，台灣早年因氣候關係，小麥產量不多，麵粉價格昂貴，但民國卅八年以後有美援引進的麵粉，麵粉價格變得較便宜，取得變容易，這時豌豆粉的成本相較反而顯得比較高，炸菜丸所用的粉類開始出現變化，逐漸有業者

改用比較平價的麵粉，再加上豌豆粉不好保存，逐漸式微，而炸菜丸的口感也因為粉類的改變，從酥脆變得較為鬆軟。

其實早年使用豌豆粉炸食物是很普遍的事，除了菜丸，炸蚵嗲、炸鹹粿也都是使用豌豆粉，但以現在的經營模式來看，豌豆粉的價格比麵粉略高，而且豌豆粉會有些小顆粒，要調成漿可得有技術，若技術不好很難駕馭。相較於此，入門款低的方式就是改用麵粉，或有添加劑的脆酥粉。

雖然現在愈來愈少人使用豌豆粉，但在南部傳統鄉間，仍有很多賣蚵嗲的店家使用豌豆粉，主要考量是當地年長者多，不用豌豆粉炸的話，長輩一吃就知道，耳濡目染之下，在地年輕人也熟知豌豆粉的口感。為了維持生意，攤販多數選擇繼續使用豌豆粉，不過對於沒有吃過豌豆粉炸物的消費者而言，還是很難比較。

用碗豆粉比較好吃，還是加麵粉或酥脆粉好？其實若三款都沒吃過，還真難比較，但若是我，絕對選擇碗豆粉，因為炸起來口感比較結實，也比麵粉酥脆，尤其碗豆粉帶有些許香氣，記憶點獨特又鮮明。

現代人想買豌豆粉並不容易，得多方詢問雜糧穀類店家。我曾經在台南找了一家雜糧穀物店，業者卻表明夏天不代訂，因為豌豆粉容易敗壞，而且用的人少，只批貨給我並不划算，得等到固定有長輩去買的冬天，進貨量大，我才有機會訂購。只不過這幾年貨源愈來愈缺，使用者也太少，供貨自然縮減，讓我感覺好像饕客變少了，但要說饕客變少好像也不公平，因為沒吃過豌豆粉炸的炸物，怎麼會知道這款美味，自然也沒機會認識、比較。

手續多、利潤薄

　　或許你會好奇，原本那麼多的炸菜丸攤子，後來為什麼不見了？要知道為了準備炸菜丸，所有蔬菜都要先切好再裹粉去炸，數量多，手工繁雜，獲利卻不高，加上社會結構改變，西式早餐崛起，還有豆漿和燒餅入駐，手工繁複的炸菜丸自然就悄悄從市場上消失了。

　　幸好現在很多家庭都有食物調理機，想讓菜丸再度飄香變得更加方便。只要以高麗菜當主角，將高麗菜、紅蘿蔔、韭菜、芹菜、豆芽菜放入料理機切碎，加點胡椒粉和鹽調味，再加入麵粉和水攪拌成黏糊狀，左手撈起來在虎口擠出一球，用湯匙挖出放入油鍋裡炸，下油鍋後先以鍋鏟輕巧鏟一下，以免麵團黏在鍋底，等它定型之後、顏色變金黃色時就可以起鍋。

　　若不知熟了沒，可用筷子插一下看看還有沒有夾帶粉漿，若筷子沒有黏粉漿就表示全熟了，這時可以火力全開逼一下油，讓菜丸更酥脆。撈起來後先在鍋子上方瀝油，再放入盤內，就是一盤好吃的炸菜丸。

　　由於加的是麵粉，炸好的菜丸放久了容易變軟，晚些時候還想吃脆脆的菜丸，小撇步是先預熱烤箱，下面鋪一張烘焙紙，把菜丸放進烤箱三、四分鐘，出來同樣酥酥脆脆。

　　另一方面，我在台南市東菜市場內發現了一家素食攤，老闆每星期六、日固定炸菜丸，素食攤生意本來就好，但只要是炸菜丸的日子，攤位前總是排滿等候人潮。購買菜丸的客人年齡層大約四十、五十歲以上，有時也有年輕人好奇摻雜在排隊行列當中。

每每發現有年輕人加入購買行列，我就會躲在一旁端詳，看他們買到菜丸後忍不住當場品嚐，然後默默回到隊伍準備加購，好似驚豔於這道古老點心的美味，讓他們難以忘懷。每次看到這幕我就不禁嘴角揚起笑容，心裡暗喜「看來古早味還頗有魅力！」。懶得自己炸菜丸時，我也會直接買兩包，一包當天吃，其餘的放冰箱冷凍，想吃時再拿出來解凍，放入烤箱稍微烤一下就酥脆了。

炸菜丸這道老菜色，我認為是現代家庭最容易復刻的一道菜，運用現代廚房料理科技就能解決早年惱人的步驟，又不失任何原味，非常鼓勵現代人動手嘗試這美好滋味。

材料	高麗菜	600 克	鹽	1 大匙
	紅蘿蔔	145 克	白胡椒粉	1 茶匙
	豆芽菜	380 克	豌豆粉或麵粉或酥脆粉	約 3 杯 (依 氣候調整)
	韭菜	60 克	水	約 1 杯 (依 氣候與手勁調整)
	芹菜	138 克		

p.s 手勁大 , 青菜易出水

　　除了瓜類易生水不適合放入，炸菜丸這道菜的可塑性很多，調整性很大。不喜歡什麼蔬菜就不要放，也可以讓不喜歡吃蔬菜的小朋友無意間吃下很多蔬菜，解決媽媽擔心孩子蔬菜吃不夠的煩惱，是個養成孩子喜歡吃青菜的小法寶。

　　炸菜丸還有個小祕密：芹菜和芹菜葉放愈多，做出來的菜丸愈好吃。

FOOD
食材處理
與備料

| 高麗菜 | 切碎。

| 紅蘿蔔 | 刨絲後再切碎。

| 芹菜 | 切小粒。

| 豆芽菜 | 切成段狀。

| 韭菜 | 切小截，約與豆芽菜差不多尺寸。

RECIPE

炸菜丸

製作

1. 把所有蔬菜用手抓拌均勻。

2. 加入1大匙鹽和1茶匙胡椒粉調味。

3. 少量多次，一點一點加入豌豆粉或麵粉或酥脆粉拌勻，並適量加入約一米杯水。一邊用手拌勻，一邊捏壓，讓菜黏起來。

4. 油鍋倒入七分滿的油，加到熱。

5. 左手拿菜漿擠出一坨圓球。

6. 用湯匙挖起菜漿放入油鍋內，裝到油鍋約八分滿時，爐火火力才轉成全開。

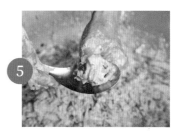

7. 讓菜丸炸至金黃。

　·想知道菜丸是否炸熟，可以用筷子戳一顆，不沾黏就是熟了。

8. 撈起來瀝油，即可趁熱食用。

蘿蔔

四喜湯

蘿蔔四喜湯"

老滋味最能喚醒過去的記憶。蘿蔔四喜湯在辦桌場上曾經風光一時，並在「菜尾湯」這道大菜裡扮演著清淡的角色，帶給很多人不少兒時的回憶。但現代人對這道湯品的記憶變得殘缺，無法湊足它的內容和味道，儘管有些台菜餐廳會出現它的影子，卻只呈現片段風貌，難以原汁原味端上桌，煞是可惜。

看到很多店家湊不足蘿蔔四喜湯的原貌，反而多加了好多各式食材，吃完後發現並沒有更美味，反倒原味盡失，很難讓人認識它當年的輝煌歷史，激勵了我努力想讓更多人認識這道蘿蔔四喜湯原始樣貌的動力，畢竟這道湯品是老台菜的精髓，靠的是食材的撞擊力，撞擊得好，一點調味料都不用加，甚至不可思議的連鹽巴都顯得多餘。

千錘百鍊的經典酒家菜

事實上，蘿蔔四喜湯的身世極為有趣。它原先是經典酒家菜，在文人仕紳階級蔚為風潮，後來隨著酒家師傅告老還鄉，傳承給下一代，習得手藝的子孫順應時代轉變投入辦桌，這道菜色因此隨著時代洪流擴散，至五〇年代躍上辦桌宴席，大家才開始認識它。

早年酒家文化對現代人而言可能有點陌生，單看字面或許以為賣酒為主，現在比較廣為人知的是北投那卡西文化。的確有這類酒家，飲酒娛樂也確

實是經營方法，然而也有部分以菜為主、酒為輔的酒家經營模式，吸引政商巨賈匯聚。政商名流一多，生意自然滾滾而來，這種情況以南部酒家最為明顯，日治時期尤其顯著，酒家不僅是提供酒菜宴客的地方，許多文人雅士也經常在此聚會，當年甚至是台人政治的孕育之所。這類酒家的菜色道道經典誘人，品嚐佳餚時自然需要好酒相佐，如此一來，利潤頗為可觀。南部酒家甚至衍生出「提題答題」的飲食文化，由酒客出題給師傅，師傅以菜答題，若是菜色呼應得好、滋味又好，自然有機會廣為流傳。

另一方面，部分酒家深知為了賺取最大利潤，不能單純只

講到酒家「提題答題」，不免想到一則趣聞。

有次，一位心情不佳的酒客上門，廚師按例問酒客今天想吃什麼？客人竟然脫口而出「用五子哭墓做道菜吧」。聰慧的師傅知道客人心情不好，不敢多說話，趕忙張羅做菜，以期完美呼應，討客人歡心。

師傅炒起桂花干貝做墓塚，前面放一塊當時頗為新潮的炸吐司當墓碑，同時悉心烤了五隻斑鳩擺在墓碑前，如此既具象化又美味的出菜，意外博得了酒客喜悅，怒氣全消。

這則趣聞當年瘋傳一時，可見早年酒家扮演的角色絕非單純提供娛樂為主，肩負的責任還不少。

賣酒，也得搭配各式下酒菜餚，希望賓客酒酣耳熱之際，東西吃得更多，隨著現場氣氛變好，或許連酒也會買更多，出手更大方。

然而，酒喝多了食慾就會減低，菜也就吃得少，消費自然減少，聰明的酒家經營者深諳「一鍋好湯可以換來味蕾覺醒」的道理，為了讓賓客吃吃喝喝欲罷不能，真正是卯足了勁，不斷開發出好喝又能醒酒開胃的湯品，以促進賓客的食慾。能醒酒開胃的湯品在酒家就是王道，可以廣泛流傳，更可謂經過眾多賓客洗鍊的極品。

「罐頭」最時髦

嬤婆在家族中扮演長輩代表的角色，家族裡有任何喜宴她都必須參與，由於家族成員眾多，辦喜宴的機會不少，日子一久，參加喜宴成為嬤婆的負擔，每次都因輩分高而受邀坐親家桌，通常卻都與親家不認識，無話可聊，加上新郎和新娘到處敬酒，嬤婆一個人坐在親家桌簡直無聊透頂。後來，嬤婆每次只要應邀參加喜慶都會到家裡向爸爸「借」我做伴，帶著我在家族喜慶間吃宴席。我和嬤婆之間很親密，兩人幾乎無話不聊，我從沒在宴席上讓她丟臉，她也喜歡帶我參加喜慶宴會，稍解餐桌上無聊之苦。

辦桌現場各式菜色紛至沓來，小小年紀的我樂於品嚐這些新鮮繽紛的滋味，當中某些時刻則讓我印象極深。好比每當總鋪師端出一盅蘿蔔四喜湯，賓客們看了總先驚豔地「哇！」一聲，然後只覺得一陣香味撲鼻，人人拿起碗筷大快朵頤，根本沒想到詢問湯品名稱。畢竟當年不像現在，事先有菜帖放在桌

上讓賓客了解整場宴席有哪些菜色，大家看到美味上桌也不會管那麼多，只覺湯鮮味美，十足開胃，讓人欲罷不能。

童年就愛觀察的我發現，坐在親家桌的親友們通常因為彼此陌生，吃飯時都有點拘謹，不好意思動筷子，但遇到蘿蔔四喜湯上桌，大家都會先客套一下，然後便忍不住這道湯品的湯頭鮮美，趕緊多喝幾碗，一碗蘿蔔四喜湯很快就所剩無幾。

我對蘿蔔四喜湯的印象之所以如此深刻，是因為有次參加宴席後，嬤婆帶我回外婆家串門子，我開心的向二舅炫耀「今天有一道好喝的湯，裡面有蘿蔔、鵪鶉蛋！」。因為商務關係常上酒家的二舅聽了我的形容後說「那叫蘿蔔四喜湯」。

身為資深老饕，二舅開始了精闢的介紹：「蘿蔔四喜湯最關鍵的角色，就是湯裡的海玉貝罐頭。」在國際貿易往來尚不頻繁的年代，罐頭就是進口貨，數量少、價格高，酒家將罐頭視為最時髦的產物，宛如現今的松露，湯裡放了海玉貝罐頭就是極品，何況蘿蔔四喜湯湯鮮味美，品嚐起來既時髦又好喝。

嬤婆喜歡蘿蔔四喜湯裡的軟骨，燉得恰到好處，肉質軟嫩，白透的軟骨咬起來有點脆，口感特殊。我最喜歡吃的則是湯裡的鵪鶉蛋，當時餐桌上總有個醬油碟，碟子裡除了醬油還有一些芥末，我每次都會先咬一小口鵪鶉蛋，然後將露出來的蛋黃沾醬油和芥末吃，平常不喜歡蛋黃的我，此時特別喜歡吃沾過醬的蛋黃，因為蛋黃不再淡而無味，而是略帶醬油的甘甜和芥末的嗆味，混合又衝擊的味道讓我愛不釋口，整場無趣的宴席頓時充滿快樂色彩，只可惜一鍋湯裡大概只有十顆鵪鶉蛋，嬤婆知道我喜歡，通常會舀兩顆給我，剩下就讓其他人吃，因為嬤婆已將她的份也給了我。

必也正名

和很多同齡朋友一起回想當年的蘿蔔四喜湯時，我發現很多人都吃過這道湯品，但通常對湯名的記憶是「蘿蔔排骨湯」或「蘿蔔豬肚湯」，少有人稱呼蘿蔔四喜湯，也有很多人不清楚湯內到底有哪些食材。畢竟大家在辦桌宴席上吃這道菜時，每個人舀至碗裡的食物不一，腦海中記憶又殘缺，湊不足湯中的食材到底有哪些，對湯品名稱自然也難以周全。

此外，當年辦桌出菜時都是請「水腳」幫忙端上桌，端菜者工作忙碌，加上辦桌場也沒有說菜文化，更沒有辦法好好介紹這道湯品。

由於好喝，蘿蔔四喜湯常常一上桌就被一掃而空，沒人理會它的正確名稱，即使有好奇的賓客詢問師傅這道菜的名字，忙碌的師傅也可能隨口以菜餚裡的食材回答「蘿蔔排骨湯」，我也以「蘿蔔四喜排骨湯」介紹過。

兩年前我在路上巧遇老師傅健仔的兒子，他說父親生前曾經找到當年同在酒家做菜的師傅，發現原來大家口中的「蘿蔔排骨湯」，只是「望食材而生義」，師傅們各自發揮、各自拼湊記憶而信口開河的稱呼，正確名稱應該是「蘿蔔四喜湯」，事後他父親一直想找我，希望為這道菜餚正名，只可惜建仔師傅在與我敘舊前就已離世。

熬湯學問大

不要以為這道湯品看起來素淨簡單，其製作起來頗有學問。

蘿蔔四喜湯的高湯鍋裡面，用來熬湯的食材大有來頭，包

括了雞架子、鴨架子、豬大骨、扁匙骨、豬頭骨、大量雞爪，統統都要先分別川燙洗除汙穢，再放進裝了水的高湯鍋內。記得先舀一匙鹽下去，讓鹽在水裡和所有骨頭滾動震盪。

想煮出高檔湯品，高湯的熬煮不可少。走訪老台菜的過程中，好多位老師傅告訴我，每天早上工作人員一進酒家廚房的第一件工作就是熬高湯，一道菜餚要好吃，高湯一定少不了，自來水絕對無法取代。

熬高湯的工作通常由小徒弟負責，要趁廚師還沒上工之前，摸黑起床到市場採購食材，一返回店內就趕緊著手熬煮高湯。熬高湯的所有準備與過程都是小徒弟的工作，正所謂「吃得苦中苦，方為人上人」，成為師傅第一要素就是禁得起辛苦的考驗。師傅們也將這個邏輯套在我身上，走訪時，師傅們時常要我練習熬高湯，因為高湯款式多樣，必須熟稔後才能巧妙運用。

熬煮過程中，可不是一味開大火或小火，必須如同現代人用瓦斯爐一般，時而開大火，時而轉小火，讓骨頭的不同分子在水中不斷翻滾撞擊。早年沒有瓦斯爐，小徒弟變得十分忙碌，一會兒將木炭從爐子裡夾出來，放到一旁的火盆內，讓爐子的火變小，一會兒將木炭夾進爐內讓火變大。如此變化與看顧著火候之外，還要記得不定時撈起浮在湯鍋上的肉渣與浮油，熬個四、五小時以上，湯就有微微的鹹味。

當然，高湯裡微微的鹹度，不是那一匙鹽熬出來的，而是骨頭自有它的鹹甘味。師傅說：「趁著冷鍋冷水放入一匙鹽，是熬高湯的祕訣。」骨頭會在滾的過程中釋放出鹹度和甜味。若等骨頭都熬出味道之後再放鹽，那就一點作用都沒有。正所謂「江湖一點訣，說破不值錢」，為什麼會這樣，師傅也不了解，

只因為從他當小徒弟時，師父就是這樣教的，而他依照師父的指揮跟著做，就能熬出好高湯，因此也就遵循所學，不再更改。

老師傅接著說：「蘿蔔四喜湯只靠高湯的味道是不足的，過程中還要再開一罐海玉貝，將湯汁倒進鍋裡，味道才會恰到好處。」海玉貝的料，留待燉煮後再放進去即可。

換言之，蘿蔔四喜湯並非完全沒調味，其實是在準備工作時早已個別調味。每道材料、每個步驟也都不能偷懶，否則就無法熬煮出好湯品。千萬記住，只要能守住高湯的熬煮技巧，就是踏出做好台菜的第一步。

菱形蘿蔔不馬虎

高湯之外，蘿蔔四喜湯的材料還有蘿蔔、豬肚、軟骨、鵪鶉蛋、海玉貝。

食材選購方面，蘿蔔是主角，絕對不能少，重點是要夠好。秋冬採收的蘿蔔比較甜，這也是調味上需要的，可惜現在很多店家對選蘿蔔並不注重。豬肚要選厚一點比較好，太薄的豬肚熬煮出來的湯頭口味略遜，吃起來口感也不怎麼樣，厚的才是上品。不過在市場上選擇豬肚並不容易，如果沒經驗就少了比較值，即使觸摸挑選也不難抉擇，通常我會拜託熟識的豬販，遇到好豬肚時就通知一聲；豬軟骨也不多，市場上並非隨時都有，必須事先訂購。

海玉貝罐頭由於是進口貨，這幾年可能因海運的關係容易缺貨，購買較為不易，有機會遇到可以一次多買幾罐備用。

備料方面，削蘿蔔皮時要注意，必須將外面的外皮全部削掉，不然吃起來會覺得好像有一層厚皮，有種粗糙感，口感不

佳。剛開始我沒有把握，會麻煩菜販幫我削，現在我學會了，懂得先去掉蘿蔔頭，便會看到外皮裡面還有一圈皮，把這圈皮也全部去掉後，剩下的就是細皮嫩肉的蘿蔔。矮胖的蘿蔔削過之後所剩無幾，正好讓我煮一鍋，千萬別捨不得，如此的蘿蔔不帶澀味，不影響湯頭口感。削好蘿蔔後，切成一塊塊菱形狀，若胡亂切成長條型或方形，視覺上不討喜，過去許多老師傅都會特別叮嚀這一點，由此可知老台菜很在乎小細節。切菱形別以為抽象難懂，蘿蔔剖半後切成長條狀，然後斜刀切塊就變成菱形狀。

豬肚要用半副，先煮八分熟，記得煮豬肚時要加點鹽，經過鹽水滷的豬肚燉煮起來才不會無味，可能你以為這裡加鹽是為了使豬肚入味，但我認為加了這點鹽反倒使豬肚提鮮。把煮至八分熟的豬肚切成菱形狀備用，切法和蘿蔔相同。

選購豬肚和豬軟骨其實有著有趣的歷史轉折。

過去的年代大家經濟普遍不算好，有錢的酒家廚師上門時，肉販都很歡迎，因為他們天天都會上門光顧，每次採購數量又多，攤商們為了拉攏酒家廚師，只要他們早點到市場，一定找得到好食材。

現在年頭變了，肉攤上的肉通常不會準備很多，想要的部位也不一定隨時都有，祕訣變成了先和肉販套好交情，拜託他們有好食材就留下來，要做老台菜時就不怕沒好食材可用。

肉的部分不用排骨而用軟骨，由於軟骨煮後會浮出骨髓渣，要先把軟骨燙過以去除骨髓渣，再用清水把軟骨洗淨。

食材備妥後，製作就很簡單了。將切成一塊塊菱形的白蘿蔔、豬肚與八兩軟骨一起擺入鍋內，再放進十顆鵪鶉蛋，倒入一罐海玉貝罐頭的汁，然後加高湯約達鍋子七、八分滿，上面包一層保鮮膜，以鎖住鮮甜滋味，蒸籠內蒸一個半小時；若想用電鍋煮，可將保鮮膜包好後，外鍋放兩杯水。蒸熟後再加入海玉貝的料，貝肉就不會太老，一道老台菜也出現了。

無法變動的黃金比例

我覺得老台菜其實是很健康的飲食，不必過度調味，就能激發出食材的原始滋味並相互融合。就像蘿蔔四喜湯，最後食材結合時就完全不用再調味，因此調味料不致於放過度，一旦調味過度，就變成既甜、又鹹，還會膩到不討喜的窘境，吃不到原味，也嚐不到這道湯的極品鮮味。

我永遠忘不了那次的慘痛經驗，由於急著追求完美又好奇，我想試試看加一點鹽能否更提味，心想「大不了就是鹹了一點而已」，沒想到自作主張加鹽之後嚐了一口，當下簡直晴天霹靂，整個湯頭味道全變，原以為是最後的調味修飾，結果不但沒有更鹹，反而鮮味盡失，破壞了一鍋好湯，讓我不得不折服老祖宗的智慧。做老台菜真的只要依循先人的做法，耐心做，就能得到好滋味。

最有趣的是，一鍋蘿蔔四喜湯的分量，大約是現在十人份電鍋的七、八分滿，千萬不要自作主張想多加一點高湯汁，認為如此就能喝到更多的湯，那可是熬不出來的。我試過把湯的

分量加倍，用大湯鍋來熬煮，說也奇怪，就是煮不出應有的味道，所以我也不敢隨意變動比例。

　　食物本身都有自己的密碼，一道菜所需的分量多寡早就決定好了。蘿蔔四喜湯得一鍋一鍋蒸熬出來，食材在湯鍋裡撞擊後呈現的湯頭就是這麼多，即使湯再好喝，想再隨意加湯，味道就會變了，萬萬不可。若臨時想再點一鍋，也是要等個兩小時才做得出來，現代人的率性與台菜世界實在很難融合，我想這可能也是台菜式微的原因之一。

費工手路菜的示微

　　做這道湯品最難的部分是熬高湯，費時又講究，張羅多款骨架也不易，所以我通常採用豬大骨加雞胸骨熬煮，滋味不致遜色太多。熬好高湯後，我會分裝成一包包放在冰箱裡備用，要用的時候再分批拿出來，製作變得方便許多。我家餐桌經常出現蘿蔔四喜湯，遇到太忙的日子就煮一鍋白飯，將蘿蔔四喜湯拿來泡飯吃，美味又方便。

　　早期辦桌宴席一大早開始準備也是先熬高湯，當年賓客抵達辦桌場地時，一定會看到一個大桶子在熬煮高湯。四〇、五〇年代的辦桌風氣依然盛行，很多菜色都是手路菜，應該也是因為當時辦桌的規模都不算大，很難得才遇到席開百桌的情形。進入六〇年代，台灣經濟蓬勃發展，辦桌型態跟著大轉型，動輒數十桌甚至上百桌，辦桌師傅一上場就忙個不停，根本沒有時間再做費工且手續繁瑣的老菜，加上老菜色吃久了，客人也想嚐鮮，師傅們無不卯足了勁想辦法創造新菜色，更加促使一些滋味好卻費工的老菜色隨之凋零。今日辦桌場較少見到熬

高湯的大桶,取而代之的是雞精粉,可是速成無法造就美味,少了真功夫熬高湯,許多大菜都做不了。

蘿蔔四喜湯雖然在五十年前的辦桌場上很受歡迎,流傳時間也夠久、夠深,可惜因製作手續繁瑣,做起來不符成本,總鋪師製作的意願並不高,也有師傅製作時會偷工減料,日久之後,很多人對這道湯品的記憶變得殘缺,想吃到道地的蘿蔔四喜湯變成可遇而不可求。

我現在常常利用教室的網路平台不定期舉辦古早味快閃活動,製作一些很多人仍有記憶但平日已少有機會吃到的老菜色,讓老滋味得以再度被回味。但若要以此模式推廣蘿蔔四喜湯,由於製作過程繁瑣,費時費工,至少得動員十名助手,花上兩天時間製作,卻頂多做出四、五十份,傳播效能並不大。

做古早味快閃其實並沒有太多獲利。早年辦桌時鄰居都會自動來幫忙,人力成本從來不會列入計算,早期的爐火燃料則是到處撿來的枯枝、漂流木,師傅也幾乎沒有什麼成本壓力;現在礙於工時不能太長,製作老台菜卻不可能受工時限制而半途叫停,人力成本必須增加,所用的瓦斯費也不斷上漲,材料卻不能馬虎,每個步驟環環扣扣都要做到徹底,成本增加自不在話下,加上符合肯努力、耐力好的助手並不好找,製作半途還得教導助手如何借力使力,才不致浪費太多體力,其中的壓力都得想辦法克服。

可遇不可求的道地好滋味

吃過那麼多「創新改良版」的蘿蔔四喜湯之後,我仍鍾情它的原始面貌。

別以為蘿蔔四喜湯材料單純就很好做，通常看似簡單的菜做起來卻不簡單，因為人們不相信簡單也有美味，想說是否加個干貝呢？加個蹄筋或海參？希望讓這道湯品看起來更澎湃，但也因此走了味。

很少人會注意到，蘿蔔四喜湯必須從頭到尾都遵循老祖宗傳下來的比例調味，一些功力強的師傅之所以受歡迎，就是做到了「遵守」這兩個字，做菜時每道步驟都做到位。

在老台菜的世界中，簡單的菜要傳出最不容易，可惜沒人相信。每個人都有獨立思考能力，很容易突如其來的添加一筆，如此重覆幾次的「添加一筆」之後，一道簡單的菜就走了味。

一如當初辦桌師傅們為蘿蔔四喜湯率性取名，讓這道湯品也跟著產生「新風貌」，原有味道流失，卻忽略了「結菜尾湯」時，元素之一的蘿蔔四喜湯可是走味不得。一旦元素變了調，菜尾湯在大家認知不同情形下也就發展成「各自表述」，原貌盡失了。

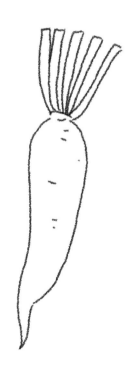

蘿
蔔
湯

材料	豬大骨	2 塊	鵪鶉蛋	10 顆
	雞胸骨	2 副 (3~4 兩)	海玉貝罐頭	1 罐
	豬肚	半副	鹽	(煮豬肚與熬高湯用)
	白蘿蔔	1 條		
	豬軟骨	8 兩		

食材處理
與備料
FOOD

高湯

1　剁開豬大骨。豬大骨與雞胸骨川燙去血水，洗淨。

2　全數放入鍋內，注入清水至七分滿，最後加一大匙鹽。

▪　趁著冷鍋冷水放一匙鹽是熬高湯的祕訣，這樣骨頭在滾的過程中會釋放鹹度和甜味。若等骨頭熬出味道後再放鹽，那就一點作用都沒有了。

3　蓋上蓋子滾開後轉文火煮 3 小時，過濾後備用。

白蘿蔔

1　挑選一條好的白蘿蔔。這道湯品中蘿蔔是主角，絕對不能少，重點是要夠好。

▪　秋冬採收的蘿蔔比較甜，也是調味上需要的。

2　直立式削皮，用刀子將白蘿蔔厚厚的外層削掉。

▪　必須將外層全部削掉，不然吃起來會覺得好像有一層粗糙厚皮，口感不佳。

▪　可先去掉白蘿蔔頭，就會看到外皮裡面還有一圈皮，要將這圈皮也全部去除，剩下的才是細皮嫩肉的蘿蔔。

3　把白蘿蔔切成一塊塊菱形狀，備用。

- 老台菜很在乎小細節，胡亂切成長條型或方形，視覺上看起來不夠討喜，這一點過去許多老師傅都會特別叮嚀。

- 切菱形並不抽象難懂，蘿蔔剖半後先切成長條狀，再斜刀切塊就是菱形了。

| 豬軟骨 | 豬軟骨川燙去血水，洗淨。

- 豬軟骨煮後會浮出骨髓渣，因此要先川燙以去除骨髓渣，再用清水洗淨。

- 市場上並非隨時都有豬軟骨，建議事先向肉攤訂購或請熟識肉販預留。

| 豬肚 |

1　豬肚加點鹽，以大火煮一小時，煮到約八分熟後取出。

- 豬肚要挑選約兩公分厚的才算夠格，愈厚愈好，咬起來才會口感十足，薄薄的豬肚屬於劣質品，吃起來一點口感都沒有。我通常會請固定的豬肉攤幫忙留下厚豬肚。

- 水量一定要完全淹過豬肚後還要再多一點，才不至於煮到最後蒸發。

- 豬肚煮到熟透即為八分熟，不必要求很軟爛的口感。

2　將豬肚切成菱形備用，切法和白蘿蔔相同。

1 將豬軟骨、白蘿蔔、鵪鶉蛋和豬肚放入甕裡。

2 倒入海玉貝罐頭的湯汁，但海玉貝不加入。

3 加入濃濃高湯到七分滿。

4 以保鮮膜包住甕口，放進蒸籠內以大火蒸一個半小時。

　‧一定要包保鮮膜，以免水氣滴入影響湯的滋味。

　‧若用電鍋，外鍋加兩杯水。

5 一個半小時蒸好後，關火，先不要開蓋，稍微「靠鼎」幾分鐘，讓水氣上下充分迴流。

6 取出後，倒入海玉貝，即可食用。

　‧蒸熟後再加入海玉貝，貝肉就不會太老。

紅燒雞

紅燒雞 ”

推廣台菜這麼多年來，我發現最困難的是很多人沒看過古早味的菜色，更不要說嚐過，有些人甚至連菜名都沒聽過，對於古早味十分陌生，常讓我不知道該如何說明才能讓對方聽得懂我所介紹的老台菜，推廣時往往出現雞同鴨講、力不從心的感覺。

「紅燒雞」就是一例。光看菜名平淡無奇，一點都不起眼，整道菜其實也沒有「紅燒」的影子或技法，因此我在談論這道菜時，內心總是五味雜陳，不知該如何介紹才能引起對方注意，並吸引其學習的興趣，只能說它吃起來有阿舍家「芋栗燒雞」的影子。

隨口一句定終身

「紅燒雞」和「芋栗燒雞」兩道菜的差距乍看不大，然而對於老饕而言，滋味一淡雅、一濃郁；做法差別只在一個關鍵步驟，就能締造出不一樣的口味。

芋栗燒雞早年可是阿舍家的一道大菜，但是在辦桌場上學會這道菜的人都稱之為紅燒雞。這樣說或許讓人摸不著頭腦，感覺似是誤傳菜名，其實它們是兩道截然不同的菜色，菜名混淆的原因說來也有趣，竟是起因於沒有人在乎這道菜的原始名稱是什麼。

早年很多人平日生活簡單，少有吃佳餚的機會，遇到親友辦桌宴客，自然是攜家帶眷到場，全

家大快朵頤一番。當年一張餐桌不限定只坐十個人，有時候會擠下十幾個人，這時吃宴席可就顧不得什麼餐桌禮儀了，菜餚一上桌，大家只在乎誰的筷子伸得長，手腳慢的或許就吃不到。如此一來，辦桌的「水腳」端菜上桌時，大家爭先恐後夾菜，壓根兒不會打聽上的是什麼菜，即使有心人開口詢問，「水腳」也只能隨口回應，就繼續手中忙碌的工作。

此番景象在早期辦桌文化非常常見，桌上沒有菜單可看，也不會有桌巾椅套，更別說師傅絞盡腦汁為菜色取個華麗拗口的菜名，好吃才是一切的準則。端出這道雞料理，就說是「紅燒雞」，雖然沒有華麗的菜名卻簡短有力，從頭到尾也沒有紅燒的做法，只因味道不錯，賓客反映良好，師傅的隨口一句就此定下終身，打出知名度，沒想到卻又因為菜名的通俗而很容易被忽略。

老師傅的故事

五〇年後台灣經濟轉趨繁榮，辦桌不再稀奇，嬸婆經常帶我到處參加宴席，吃到紅燒雞時經常說「味道怎麼很像家傳的芋栗燒雞」。不過，紅燒雞口味較重，芋栗燒雞則溫柔婉約，做法差異在哪裡，嬸婆也說不上來，總是吃著吃著就泛出淡淡的哀愁。嬸婆的情緒轉折讓我對這道菜印象深刻，可惜它雖然曾經在辦桌場上綻放光芒，卻在我少女時代漸漸消失身影，讓這道光璀璨卻短暫。

後來我年紀稍長，有機會遇到當時九十高齡、退休多年但身體依然硬朗的老師傅，相處久了之後，我好奇詢問紅燒雞的故事，他才私下透露這道菜本名就叫「芋栗燒雞」，當年是阿

舍家之間流傳的美食，讓我恍然大悟「難怪嬸婆對紅燒雞一直有似曾相識的感覺」。

老師傅告訴我，這道本名芋栗燒雞的料理，原本出自阿舍家，政府實行三七五減租之後，阿舍家的田地減少，經濟受影響，連帶社會結構產生變化，不再養得起一群家廚。家廚們因此而分散各處，平日務農或開飯桌仔又或從事其他工作，接到辦桌宴席後才搖身一變成為辦桌師傅。面臨宴席東道主要求變化菜色時，他們得動腦筋端出各式菜色，有時為了添增自己的亮點，便會將原本阿舍家的菜餚端上桌。有些人感恩老東家過去的照顧，不敢因循阿舍菜的做法而略加改變，再隨便掰個名字應付，紅燒雞就是一例。

老師傅說當年把老東家的菜色稍做變化後重現，內心一直過意不去，這份情操讓我深感訝異。以現代人的角度思考，可能認為這只是添加創意，不算剽竊，但舊時代的師傅敦厚誠實，即使與老東家雇傭關係不再，依然彼此尊重，雖然如此美德現代人或許嫌過時。我力勸師傅不必過於自責，畢竟他換了個方式把好味道傳了出去，以免社會結構變遷導致更多菜色消逝，也算是保留了傳統老滋味。

老師傅說，每位總鋪師會做的菜其實大同小異，他是為了爭取更多客戶，才把主人家的私房菜拿出來用，心裡老是有個疙瘩，又因沒讀過什麼書，看著菜色顏色較深，就隨便取名為紅燒雞。

老師傅還告訴我，不是每道阿舍菜都適合在辦桌場上登台，因為阿舍菜普遍費時耗功，在講求速度與量產的辦桌文化下，能端出的選項並不多。他也不諱言，出了這菜後，邀約變得更

多，成就了其地位，但他也不想多談這道菜真正的菜名，認為「吃就吃吧，計較那麼多幹嘛！」，沒想到因為缺乏好菜名，這道菜也隨著老師傅的離開而凋零。

清雅的芋栗燒雞

芋栗燒雞的口味體現阿舍菜特色，吃的是清雅有層次的味道，調味以醬油為主。過往年代的醬油屬於昂貴調味品，釀造時間愈久滋味愈陳，醬油釀得愈好，味道更顯甘醇渾厚不死鹹，也因此在早年菜餚裡，以「醬油」為主體的料理身價多半不凡。

芋栗燒雞講究以醬油將雞肉醃入味，如此一來醬油使用量多，製作成本無形中也隨之增加。後續的調理方式則比較單純，直接入蒸籠裡蒸，在蒸的過程中讓雞肉的湯汁滲入未經調味的芋頭和栗子裡。完成時，甘醇的醬油巧妙隨著雞汁滲入芋頭與栗子，雞隻的油質又帶來些許滋潤度，讓芋頭和栗子的口感更顯柔順，醬油的甘甜鮮香則成為溫潤的調味。可以說，芋栗燒雞的芋頭和栗子，味道比紅燒雞裡的更淡雅。當年大家族的餐桌上，由於雞肉數量有限，吃雞肉是長輩專屬，小孩子輩分不夠，通常沒有機會品嚐，只能吃芋頭和栗子。

紅燒雞的誕生

老師傅推出「普及版」時，特意將紅燒雞和芋栗燒雞做出了區隔。

首先是考慮辦桌的成本和數量，在雞隻的採用上選擇比較普通的品質，不如阿舍家對食材極為講究，所使用的雞都經過細心圈養，肉質相對較好，口感更為Q彈，換言之，從芋栗燒

在大戶人家，餐桌上並沒有所謂的完全平等，且如此餐桌邏輯非常常見。

如同另一道經典大菜「通心鰻」，早年阿舍家品嚐美食十分講求尺寸，一尾通心鰻依尺寸只能切成七截，做好之後端上桌，如果家中人口多，那就得依輩分分配，輩分高的可以取一截吃，輩分低的分不到鰻魚，只能吃一旁陪襯的芋頭和栗子。

芋栗燒雞的雞隻同樣切成大塊，長輩們夾完後，剩下的芋頭和栗子才是小孩子的。別小看只是陪襯的小品，湯汁浸透後的芋頭和栗子味道淡雅香甜，醬油的鹹味早已弱化，烘托出食材原有的甜香，令人垂涎，即使只有這兩者可吃，小孩子同樣吃得津津有味。

雞到紅燒雞，在此就產生了口感上的變化。

阿舍家的芋栗燒雞與辦桌場的紅燒雞在擺盤上也有些許差別。阿舍家的做法是摒棄雞頭與四肢，雞肉切成四至六大塊，雞皮朝下鋪於扣碗中，再放入芋頭和栗子進鍋蒸，蒸好後才倒扣至盤上。紅燒雞的盛裝方式相同，但由於時代背景不一樣，宴席上同桌享用的人多，所以雞隻的頭尾和四肢皆保留，雞身切成八至十塊，如此才夠眾人享用，但在這裡就可以發現，形式上變得不再那麼精巧。

又比如，為了在辦桌市場上生存，師傅製作紅燒雞時以五香粉為主要醃料，稍微綴以些許醬油加厚滋味，在調味上做出

更了加濃郁的變化。此時，芋栗燒雞已經不再是原本的味道，後續將醃過雞的醃料和栗子與芋頭拌勻時，由於醃料內含五香，滋味是更加濃郁又強烈，搭配口味重的雞肉，更合乎大眾口味，大受歡迎。但若從色澤上看，顏色深了許多，味道也濃郁不少，氣息層次大大轉變，要稱之為芋栗燒雞，真的不合適。

　　而加入五香粉提味讓口味變得更重這個相當重要的轉變，更使得紅燒雞和芋栗燒雞變成了很相像卻又不像的菜餚，讓沒吃過兩道菜的人可能認為是同一款，甚至只認識紅燒雞，畢竟滋味強烈，更有記憶點。

　　配料方面，栗子在當年的台灣產量不多，屬於昂貴食材，數量少自然得來不易，以過去的時空背景來看，紅燒雞的食材並不容易取得，自非泛泛之輩，果真是辦桌師傅的壓箱寶。

　　此外，不要以為隨便芋頭就可以用，得選擇粉芋才行。如何分辨粉芋呢？攤販賣芋頭時都會在芋頭底部稍切一小塊，讓顧客挑選時可以摳一下來辨別，若摳出來粉漿多就是粉芋，適合做紅燒雞，若是粉漿少反而適合做芋粿。做紅燒雞時不會使用一整顆芋頭，芋頭的頭部比較硬，顏色也較深，口感較差，通常會切掉不用，以維持最佳口感。

相似卻不同

　　滋味濃郁的紅燒雞其實很下飯，我做這道菜時，栗子和芋頭雖然沒有調味，但因在蒸煮過程中會滲入雞肉的湯汁與醃料，單吃芋頭或栗子就非常入味好吃。而芋栗燒雞滋味典雅，則特別適合在台菜宴席中溫婉出場，兩道菜的口味差距明顯，也都無比美味。

也許有些人認為菜名分歧會造成記憶上的困擾，應該將菜名統一起來，但我認為沒這個必要，紅燒雞這道大菜雖然沒有響亮的菜名，但反映了當年辦桌文化的衝擊，芋栗燒雞則充分體現阿舍菜的調味精髓，即便在時代的洪流中難免流失，我卻不想更改它的名稱，只因為我依然記得老師傅的告誡──「懂多少，寫多少」。

有時不免遺憾於阿舍菜的清新淡雅被辦桌師傅抹上了濃豔妝容，但換個角度思考，阿舍菜的雅致韻味確實不容易被大眾品味，強烈衝擊的確更有存在感，較能擄獲大眾味蕾。如今我更希望大家先認識「普及版」的紅燒雞，洗漱味蕾，在追本溯源細品芋栗燒雞的細膩清雅時，更能體會一道菜色的身世轉變。

此外，熟知背後的飲食文化才是關鍵，如果單純急於復刻菜色，僅看食譜，久而久之肯定會將兩道菜混為一談。我深深期盼更多人一起認識這兩道相似卻不同的老台菜，理解箇中異同。

燒雞

材料					
雞	1 隻	糖	共 5 大匙	水	450 cc
芋頭	1 顆	醬油	共 4.5 大匙	地瓜粉	適量
栗子	約 7 顆	米酒	10 cc	太白粉	適量（勾芡用）
蒜頭	4 - 5 瓣	五香粉	1 大匙		
香菜	少許（約 3 支）	胡椒粉	1 茶匙		

食材處理
與備料
F O O D

| 芋頭 |

1 做紅燒雞要選好吃的芋頭，我通常使用粉芋。

■ 粉漿多就是粉芋，適合做紅燒雞。

2 芋頭洗淨，去掉較硬的頭部，切塊。

■ 芋頭切塊時不能直接切，而是用刀切下後再用刀尖掰開，如此切口蒸出來的芋頭會顯得特別甜。

3 熱油鍋，把芋頭塊放進鍋裡過油，撈起放一旁備用。

■ 經過熱油處理的芋頭塊等下要蒸時才不會散開。

| 雞肉 |

1 雞隻洗淨，去掉雞頭和雞爪，剁成每段七公分大的塊狀。

■ 雞肉塊的大小是重點。雖然一隻雞去掉頭、脖子、屁股和雞爪，分切成七公分大的雞肉塊後，以一桌十人計算，可能真的無法每人分到一塊，但說也奇怪，我曾將雞切成小塊再醃，製作步驟都一樣，蒸好後的味道就是不一樣，口味遜色好多。

2 剁好的雞塊放入鋼盆。加入 4 大匙糖、4 大匙醬油、1 茶匙胡椒粉、1 大匙五香粉，再加入 10cc 米酒攪拌。

3　拍入 3 顆蒜頭。

‧　紅燒雞唯一祕訣就是醃料中的蒜頭。蒜頭剝皮後不要拍得太碎，稍微裂開就可以。很多人可能不知道拍蒜頭有其特殊的用意，稍微拍裂的蒜頭散發出來的味道柔和婉約，拍得很扁的味道則很強烈；拍扁後切碎，爆炒後的味道較淡，而切得大塊，爆炒後的味道較濃。總之別看只是小小一顆蒜頭，在拍的過程中也透露出它在飲食上扮演的角色變化。

4　鋼盆包上保鮮膜，放入冰箱醃一天，期間不時翻拌，讓雞肉全部醃入味。

‧　也可以用塑膠袋盛裝醃料和雞肉，放進冰箱裡並不時翻個方向，讓每塊雞肉都能吸飽醃料。

RECIPE

紅燒雞

製作

1　油鍋裝八分滿油。

2　取出醃好的雞肉塊，放入裝了地瓜粉的淺盤，讓雞塊裹滿粉。

3　待油夠熱，把雞肉塊放入油鍋以大火炸，炸到上色即可撈起。

　・不用顧慮雞肉是否全熟，後面還要蒸。

　・撈起時建議在油鍋上瀝油，巧妙利用熱鍋的蒸氣讓雞肉塊更乾爽。

4 在扣碗裡面擺入炸好的雞塊，雞塊之間塞入芋頭塊與新鮮栗子（不再另外調味），盡量填滿、壓緊。

・雞皮朝下，倒扣時才美觀。

・以往甚至會用白紗布把整個扣碗綁緊，或用盤子重壓。這樣蒸好後倒扣時更容易成形。

5 放入蒸籠蒸一小時。

・若用電鍋，外鍋加兩杯水。

6 蒸熟後，取出倒扣在水盤上。同時瀝出倒扣後流出的少許湯汁。

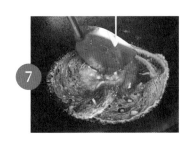

7 把倒扣後流出的少許湯汁倒入炒鍋，再加入 450 cc 水、1 大匙糖、1/2 大匙醬油與兩顆蒜末，用小火煮開。勾薄芡後，淋在紅燒雞上。

8 最後再灑一點香菜，完成。

雞豬

仔肚

鱉

魚

雞仔豬肚鱉"

台菜的「雞仔豬肚鱉」是道屬於溫潤補品的大菜，只是看到「雞仔」、「豬肚」、「鱉」這三樣食材，總有人好奇到底要如何將它們融於一鍋，甚至電影《總鋪師》中，這道菜也是以三種食材相互套疊的誇大造型呈現，一度引為話題。

電影《總鋪師》以趣味的方式讓傳統辦桌文化和老台菜獲得大眾注意，但電影畢竟不是紀錄片，總有些戲劇效果。想法天馬行空的外子向來好奇雞仔、豬肚、鱉三種食材要如何處理？我學會雞仔豬肚鱉後，他口中喝著美味的湯頭，腦子裡還是飄出各種不可思議的想法，問我「這道菜三種食材到底怎麼塞的？是豬肚塞入雞裡面？還是鱉塞進豬肚？三種食材怎麼套在一起呢？」每次我腦海想到這畫面，不禁感到詭異又不協調，但也不好意思打亂外子的天真幻想，直到我出版了《總鋪師辦桌》，外子一直樂在自己的幻想中，他這種天馬行空的想法也傳達給導演，意外成為戲劇題材。

乾坤之道為套疊

聽外子問久了，連向來有定見的我都有點動搖，有一次忍不住詢問師傅：「能不能做一道套來套去的雞仔豬肚鱉？」，沒想到這一問引來師傅一頓怒斥：「這種食材真的拿來套疊，那還能吃嗎？」，讓我當場嚇得愣在一旁。

師傅說，台菜裡面食材豬肚若有套東西，菜名

會是「乾坤」，沒套來套去的菜就是用食材堆疊，菜名則平鋪直述。例如，豬肚裡面套豬心再配藥料去燉就叫「豬心乾坤」；豬肚裡面塞滿調味過的筍茸，就稱為「筍茸乾坤」。雞仔豬肚鱉的菜名已經清楚說明「雞仔豬肚鱉」，就是表示這些食材是各自分開處理的補品，不要再懷疑它的料理方式。若還是要相互套疊，豈不就應稱為「雞仔乾坤鱉」嗎？的確於理說不通。

師傅告訴我，如果豬肚裡再套入雞隻、鱉，三種食材中肯定會有一種肉質過老，同時會有一種肉質不夠軟爛，吃起來一點也不和諧。這樣一想，可行性確實太低，況且若要用套疊的方式處理，所用的豬肚就要選薄的才容易套，但原始版本是要用厚的豬肚來做，吃起來才會有好口感；如果鱉要拿來套的話，也得選小鱉不能太大隻，但正宗版本的鱉則是要選大一點的，除了有肉也比較健康、更具補性；至於雞雖然無關大小，大約採用L形腿，但也要用純土雞，若要用來套疊就得選皮薄的雞，還要去掉肉才好套。如此一來，整個邏輯和早年做法截然不同，連食材的選擇都會不同。

食補界上乘之作

雞仔豬肚鱉為什麼在早年的老台菜中占有一席之地，正是因為雞、豬肚和鱉，三種食材本身都可以獨立做成燉補湯頭，要將三種食材融於一鍋做成補品，對師傅而言其實是一大考驗，畢竟並非把三種食材全部丟進燉鍋裡就可燉煮出來，必須先分別處理，再集中放進燉鍋裡一起燉，因此能做出好喝的湯品，自然也是極品。

師傅說，雞仔豬肚鱉是食補界的上乘之作，喝的是清淡、

口味融洽、補性恰到好處，必須在不同季節放不同的藥帖，是一道難度很高的菜，而且在冬天溫差大的南部要做這道菜還真有點挑戰。

挑戰之處不是食材需各自料理，而是要預測中午開桌和晚上開桌的氣溫，才能依照氣溫變化抓到正確的藥帖，得具備未卜先知的功力。有時候料不準氣候，中午天氣轉熱，做得太濃，還真不敢端出來給客人吃。新手做這道菜時，通常會因為無法預測當天的氣候，事先準備兩種不同的藥帖，以便在製作時依當下氣溫推出因應的藥帖。

儘管如此經典，在昔日的宴席上，可不是隨意都能見到這道補品的蹤跡。舉例來說，壽宴就絕對吃不到雞仔豬肚鱉，因為壽宴講究對長輩的討喜，也是為長輩祈福，任何有藥材進補的菜餚絕對不會上桌，以免被誤會長者需要吃藥，觸人霉頭。

分別處理不馬虎

製作雞仔豬肚鱉的重點是選擇食材、處理食材、選擇藥帖，絕對不是像電影上三種食材套來套去，我也不知道食材套疊怎麼會可口美味？娛樂性的電影可不是真實人生，若以電影來當教材，可就虛實不分了。

那麼，這道被誤解的大菜到底要如何料理呢？

首先要選好一副「好豬肚」。所謂好的豬肚是整張豬肚呈現很厚的狀態。師傅說，早年要做藥補的豬肚得選上品，必須請豬販挑出最厚的豬肚才能用，薄的豬肚屬於中等貨色，不是上等貨，沒有食補效果，只能拿來煮酸菜豬肚湯。

其實並不是豬肚厚薄會影響補藥，而是在雞仔豬肚鱉這道

有人問過我，雞仔豬肚鱉是不是五菜一湯中的湯品。不要感覺這個問題奇怪，我遇到不只一、兩次，我想這些朋友應該是想問小型宴席或家常晚餐，是否會有這道湯上桌。答案是不一定，但也可以，除了壽宴以外沒有任何限制。

「五菜一湯」的形容其實讓我啼笑皆非，阿舍家的日常晚餐若只是五菜一湯，肯定被嫌陽春。我小時候就發現三舅是美食主義者，每餐至少要有八道菜，對湯品的要求更高，寧缺勿濫，即使是普通的味噌湯也要求嚴苛，豆腐不對就不吃，蔥不夠嫩絕不喝，湯頭不能只用清水加味噌直接煮，得先買個魚頭加洋蔥、柴魚熬出味道之後，再撈出柴魚、洋蔥、魚頭丟掉，用這個高湯加味噌來煮，味噌更要調得恰到好處，然後放入小魚乾一起煮，接著加入豆腐，煮好要上桌前再灑下嫩翠的蔥粒才算大功告成。

說實在，這款味噌湯看似簡單，其實也不容易，三舅媽奉行簡單吃，不擅廚藝的她常做得手忙腳亂，連我也覺得有點難度。每次三舅媽到外婆家都會抱怨煮味噌湯很麻煩，外婆總會說：「步驟就是這麼簡單，所謂熟能生巧，煮久了、步驟背熟了，一切自然就順了。」

我覺得外婆講得很有道理，只可惜三舅不是天天喝味噌湯，還有八、九道菜要煮，廚藝不佳的三舅媽真的很辛苦，三舅若想打牙祭時就會跑去嬸婆家，因為嬸婆對食物的需求可是吹毛求疵，餐桌上每道菜道道經典，大為講究，到嬸婆家做客才吃得過癮。

菜裡，每樣東西都須取用上品，否則很難端上桌。有趣的是，若要做套疊式的雞仔豬肚鱉，反而是薄的豬肚最容易使用，厚的豬肚不容易翻套。

烹煮這道菜以前，須先將豬肚洗乾淨之後放進鍋裡，將水注入鍋中直至蓋滿豬肚，加一匙鹽燉煮一小時。放一小匙鹽可不是調味用，而是要減去豬肚的騷味和澀味，讓它煮起來更柔嫩，這是小祕訣（不信的話煮完一小時後切來試試看，會發現它還是沒有味道）。由於雞、鱉的烹煮時間各自不同，所以豬肚要先煮一小時，之後才能和雞、鱉一起燉煮。

煮好的豬肚取出、剖半後，只用半副，另外半副可另做他用。這道菜的比例上就是只能用半副豬肚，不能因為已經煮好整副豬肚，怕浪費就全部採用，老台菜可任性不得。最後將半副豬肚再切成三公分寬的長條，在四公分長的地方斜切成為菱形，放一旁備用。

倘若你是一個什麼事都隨意的人，做這道菜可是會「吃鱉」的，不過不是湯裡的鱉，而是做菜的吃癟。豬肚沒處理好，或選了不夠肥厚的普通豬肚，燉起來口感就差，會是一大敗筆。

至於雞，只取半隻土雞的大腿骨，等於是取四分之一隻雞，剁塊、川燙，等血水滲出之後，用冷水沖洗乾淨，不能有肉渣，這時才可以將豬肚和處理好的雞肉一同放入甕裡。

最後取一隻中等身材的鱉，去掉鱉頭、剁成塊，這裡可不能川燙，而是用清水洗過就放入甕裡，再放入選好的藥材（辦桌場上無法像阿舍家那樣費心處理，所以衍生出便捷的做法），加一匙米酒，注入清水到七分滿，甕口封上保鮮膜，放進蒸籠蒸一小時（若使用電鍋，外鍋放兩杯水）。記得一定要用保鮮

膜封口，以免在蒸的過程，水蒸氣滴入甕裡。

阿舍家對於藥帖的處理比較講究，藥料得先熬出味，用時間和文火慢熬，使藥材所有滋味散發，將藥材處理到淋漓盡致後，最後再放入熬好的湯裡，手續雖然繁雜，但味道最好。

風靡一時的鱉料理

值得一提的是，鱉料理在早年台菜中可是大量使用，曾經風靡一時，民國五十多年更是台灣養殖鱉的顛峰期，雞仔豬肚鱉成了辦桌宴席中的常見菜餚。沒想到後來鱉產量供過於求，價格崩跌，養殖者逐漸減少，適逢台菜也進入式微期。

喜歡吃鱉的人不多，加上有些人基於言語上的迷信，認為「吃鱉」、「吃瘟」不好聽，不再喜歡吃鱉料理。相對於過去鱉的充分運用，現在很多人對於鱉料理已相當陌生，買的人減少了，吃的人也少了，幸好還是有一群擁護者，也依然有專門養殖的業者。其實鱉可以用來紅燒、醬燒、三杯等，口味都很好，三杯鱉味道濃郁，是我的最愛，最不喜歡的是清燉鱉湯，覺得內容貧乏。

我滿喜歡鱉肉，除了外殼有一層薄薄的膠質，吃起來口感Q軟，四肢肉質鮮嫩，讓人迷戀。買鱉時，我都會到較大的市場找尋專門賣海產的攤位，挑選活動力比較強的鱉，活動力愈強愈好，現挑、現宰後直接帶回家，稍加清理一下就下鍋烹煮，煮之前不要用熱水過水，過了熱水肉質甜度就會減少。

美味的補品就是佳餚

小時候外婆家會灌藥膳、人蔘、四物、十全香腸，各具風

　　三舅早年曾經投資養鱉行業，小時候每看到大人處理鱉都會好奇觀看，只見三舅拿一枝筷子逗弄鱉，活動力愈強且愈大隻愈好。我看了曾想依樣畫葫蘆，嘗試學三舅拿筷子逗弄鱉，幸好被及時阻止，三舅告誡我，不要看鱉長得像烏龜，以為牠動作很慢，鱉在咬人時動作可是很快的，而且是緊咬不放，攻擊力很強。後來我在市場裡看到商販會用網子將鱉網住才讓客人挑選，以免不知情的客人被鱉攻擊，麻煩就大了。

　　小時候我常在三舅家吃雞仔豬肚鱉，尤其喜歡挑裡面的鱉來吃，三舅也常鼓勵我多吃鱉肉，經常夾沒有肉的鱉殼給我。這不是私心，而是他認為鱉殼旁邊的膠質最好吃，女孩子從小多吃點膠質對皮膚好，對筋骨也好，可以從小打好身體基礎，疼我的三舅也因此總將鱉殼列為我的獨享補品，三舅和三舅媽吃雞肉，表哥、表姊吃豬肚。至於湯頭，因為味道清甜又香郁，小孩子的反應最直接，好喝就一直喝，根本不必強迫，一鍋湯很快就喝光了。

味，都很受小孩子歡迎，孩子無形中從小就打好身體的基礎，外公在我出生前已過世，但外婆依然遵循外公的生活方式理家，在飲食上也不做改變，所以每次外人告訴我補藥好難喝，我總覺得匪夷所思，因為家裡的補可是如此潤口好喝，讓我樂於吃補。而爸爸認為家裡沒有外婆家的好師傅，常常把我往外婆家送，希望小時瘦弱的我能多吃補，打好身體的底子。

　　其實我從小就發現外婆家所有補品都很美味，樣樣都是佳

餚，不像別人家的補品有一股濃濃的中藥味，喝了會感覺苦味，很難下嚥。鄰居的阿婆很喜歡我，每次只要燉補就會端一碗給我，還要親眼看著我喝光。只是阿婆的補品中總會放很多龜鹿二仙膠，酒味濃，中藥味更重，味道又帶苦澀，每次看她熱心端補品到家裡來我總忐忑不安，很怕喝苦藥，卻又不想讓阿婆失望。這時媽媽常會笑著告訴阿婆：「她只是不長肉，常常進補，骨質還很好，連感冒都很難看到，不用特別給她補。」

媽媽知道阿婆的補藥對我而言苦不堪言，但畢竟是阿婆的心意，每次我總是閉氣硬吞，好幾次才喝得完。阿婆看我喝完後就滿心高興的捏捏我臉頰說「這樣長大身體會壯」，等阿婆面帶微笑離開後，我會趕緊找尋糖果壓壓嘴中的苦味。對於阿婆獨厚我的舉動，兄妹們一點都不羨慕，甚至還嘲笑我「就是愛纏阿婆才會有這個下場」。

大哥曾問媽媽：「為什麼阿婆端來的補品，中藥味道那麼難聞，和家裡燉補的味道完全不同？」。媽媽說：「吃補是種奢侈，通常補品只管補性好不好，不會顧慮到口味的好壞，家裡是因為知道小孩不喜歡吃中藥所含的苦味，因此除了生病用漢藥治療時所煎的藥是苦的，若要用來食補，就會以溫潤可口為考量，就是要大家都肯吃才能達到養生的目的。」

換言之，雞仔豬肚鱉在當年阿舍家除了當養生補品，也是藥膳美食，喝起來溫潤美味，味道又香，讓大家平常就可以養生，身子好了自然不容易生病。

藥帖學問大

雞仔豬肚鱉共有三帖藥帖，因氣溫不同而有使用時機。三

帖藥帖在藥補上都是最顛覆人心的，通常一般補藥喝起來總是讓人感覺藥味太濃，又苦又澀，但過去的阿舍家既重視食補，更重視藥補，到中藥店抓來的藥帖非得能夠潤口，否則即使有補性，喝起來像吃藥一樣苦，自然就無法獲得認同了。

雞仔豬肚鱉採用的三帖藥帖中，最安全的是第一帖清淡口味的藥帖。此藥帖最主要目標在滋潤養氣補身，夏季酷暑中飲來養生又滋潤，不至於過燥，滋味清雅甘甜，若是初學者沒辦法掌握天候的話，採用這一帖就好。民國四十年之後，師傅們辦桌也都用這一帖，因為藥性溫和，四季喝下去對身體都不會有太大起伏，夏天採用自然清淡好喝，南部的冬天喝也不致於太冷，也會擔心有些人身體禁不起補，採用這一帖最不違和。

第二帖補性較強，很適合冬天採用，但它有一股濃濃的中藥味，不像第一帖那麼清淡雅致，這帖藥在秋風吹起、溫度十幾度時，甚至冬日溫度還不很冷的南部最適當，很適合想補身又想感覺渾身血液流暢、身體輕鬆的人。第二帖的中藥味對喜歡中藥味的人而言，會很著迷，各式草藥香味更顯馥郁，喝起來韻味也更加渾厚，但若是討厭中藥味的人，還是建議以第一帖為佳，反正都是養生，無傷大雅。

第三帖可別輕易嘗試，雖然有濃濃的中藥味，但不苦，喝起來很潤口又很芳香，沉厚又具韻味，是酷愛中藥進補者的最愛，最適合寒流天時來一盅，喝完全身暖呼呼的暢快無比，感覺精力旺盛，但夏天天氣不夠寒涼時千萬不要用這一味，否則喝了可是會心跳加速。

三帖藥材中第一帖是基礎，後面兩帖則是視季節不同而加料。第一帖包含當歸、生芪、川芎、紅棗、枸杞。通常辦桌師

傅都用這一款，口味最清淡，適合普通保養，不致於出狀況，夏天也可以當涼補。

第二帖包含生芪、川芎、當歸、甘草、蔘鬚、油桂、桂子、甘杞、紅棗。我最喜歡這一帖的口味，吃完後感覺身體溫潤，手腳不冷了，卻又不致於太過補，通常在入秋之後燉補時使用。

第三帖採用故紙、桂枝、桂子、桂智、肉桂、川芎、舊地、生芪、當歸、甘草、烏棗、甘杞、紅棗、炒芍等，口味濃郁，喝起來順口，喝後血液澎湃洶湧，適合喜歡進補者。

這些年雞仔豬肚鱉失了原貌，反而流傳特殊做法，全部的人都忘了主角是藥帖，擁有藥帖的配方就是王者，會使用藥帖的人就是武林至尊——將藥帖公諸於世很容易，但何時使用何種藥帖要靠經驗，沒有ＳＯＰ。

早年總鋪師在阿舍家烹調雞仔豬肚鱉時，會先了解主人家的身體適不適合進補，可以採用何種補。清淡的補對身體比較好的人來講，喝起來沒什麼感覺，而這道菜的有趣就是揣測哪一帖最適合自己、什麼天候喝起來最適當，可以說，烹煮雞仔豬肚鱉最大的挑戰在挑選藥帖，而不是將食材套來套去的功力。

我曾經在大熱天用最冷天的藥帖做實驗，結果味道雖然好，吃完後卻口乾舌燥還流鼻血；若在寒風刺骨的日子使用清淡的藥帖，只會嚐到平淡的味道，沒有補的感覺，宛如喝清湯一般，可見藥帖的拿捏十分重要。

有了藥帖，還得面對最困難的事——如何找到好藥材。不要奢望隨便在漢藥店買來的藥材都一樣，這廿年來我不敢輕易更換藥材店，因為有些藥材是進口的，部分還含有添加劑，有的甚至是藥材發霉，經過晒乾後二次使用的。至於如何分辨，

我仍難用文字敘述，需要親自看過觸摸才好累積經驗。

我喜歡的藥材是採收之後直接烘焙過再晒乾的，味道比較足，也比較好，因此找一家有信用的中藥行相形重要，千萬不要為了價格而隨便選擇，畢竟辛苦半天就是想獲得一鍋好湯，在這裡省不得，也馬虎不起。

此外，燉煮過程中，藥帖不適合用布袋包起來，因為包了之後藥材會擠在一起，無法自由奔放，藥香味不易散發。我都是把整帖藥材直接放入鍋內，讓藥材和食材一起燉煮，如此效果最好，湯頭清香，蒸的過程就會聞到滿室芬芳，煞是陶醉，煮好端上桌時大家也聞得到香味。可惜有些餐廳嫌如此處理，藥材四散賣相不佳；也有的餐廳投機取巧，一帖藥多煮一些食材，再分成兩鍋端上桌，雖然成本降低很多，味道也會略遜些。

不需要調味的美味

最後但最重要的是，中藥藥補很少添加調味料，認為加了調味料就失去補性，製作雞仔豬肚鱉時也不需要調味，整個處理過程都很簡單，不過即使加入藥材之後，燉出來的湯品還是連調味都不需要，就是一道極品。

有一次我的實驗精神突然從腦海裡冒出「加點鹽看看是否會更美味」的想法，沒想到這一加就壞了大事，整鍋湯變得有點苦味，還顯得不融洽，不像原來的湯頭恰到好處，落得我一會兒加鹽、一會兒加糖，然後又加水，不斷重覆亂加一通，好好一鍋湯就被我突如其來的想法而搞砸了。

某次教學時，有位廚師學員對自己做完的湯頭十分滿意，讚不絕口，但又覺得不調味就送給客人吃，好像有點不負責，

至少也要加點鹽、糖、味素吧！我分享過去異想天開「多加一點鹽，壞了一鍋湯」的下場，勸他別亂加了，只見他聽完仍若有所思的下課。

隔天這名廚師打電話告訴我，他最後仍忍不住偷加味素，想試看看湯頭是否更好，想不到湯頭全走味，讓他陷入痛苦的掙扎。他仍然認為「不調味就給客人吃，不是廚房該有的態度」，即使我解釋台菜常常不需要調味，靠的是食材的撞擊與和諧，卻怎麼勸都沒有用。他最後決定不生產這道菜，在他的想法裡，不調味怎麼能端給客人吃？那和他的養成教育互相違背。

後來我遇到的幾位廚師也都陷入了此一迷思，可是他們沒有細想，豬肚經過辛苦的處理，雞肉的川燙時間又要掌握得恰當，才能讓血水不致盡失，清洗過程不能留下肉渣卻又不能沖太久，「精準」兩字才是這道菜的精髓，每個步驟都不能馬虎，重要的是食材的挑選和處理都要極為精準，問題並不在於調味！

坊間很多台菜業者無法相信台菜許多時候不用調味，單純靠食物撞擊就可以無比美味，就如同美女只需要素顏，任意濃妝豔抹只會毀掉天生麗質。導致坊間有些台菜餐廳的菜色調得又甜又酸成為重口味，做不出清雅的老台菜味道，只因為業者在不該調味時執意調味，變成欲罷不能，必須反覆不斷加味做調整，到最後出現很難收拾的局面。

也有師傅坦言，為了追求利潤，辦廿桌宴席，通常只會準備十桌藥材，然後將藥材放進布袋裡下鍋熬出味道，到底用了什麼藥料，客人也不知道，也不容易被剽竊，反正客人覺得香、好吃就好。而豬仔豬肚鱉，就是在那時候開始走了味，客人不再是為了補身體而來吃這道菜，也沒有人講究它的藥帖是什麼，

最後在電影《總鋪師》的搞笑梗之下，坊間的雞仔豬肚鱉就變成套疊菜，原味盡失。

逐漸被淡忘的老台菜

很多人好奇雞仔豬肚鱉屬於哪一種菜，阿舍菜？酒家菜？辦桌菜？其實早年很多菜都源自阿舍家，由於阿舍家除了親人，很少讓外人登上家裡的餐桌，想宴客時就把廚師帶到酒家或食堂製作，一些阿舍菜因此流傳出來，但阿舍不在乎菜餚外流，在乎的是宴客有地點，畢竟家門不是為每一個人開的。

民國三十八年之後，阿舍家經過三七五減租政策後財力大失，高牆倒下，阿舍家的規模縮小，阿舍的生活跟著改變，不再只侷限於自己的圈圈，必須和外界溝通，也無法像過去那樣養一群家丁和廚師，有些廚師和家丁就此離開阿舍家出外謀生，但這些廚師最擅長的還是做菜，就將以前學會的菜色拿來辦桌，阿舍家的菜自然流出，很多就成了辦桌菜。

民國四十多年後江浙菜興起，接著是廣東菜崛起，酒家生意逐漸走下坡，在時光洪流中，老台菜也就逐漸被淡忘了。

豬雞仔鱉肚

材料	雞	1/4 隻（半隻土雞的大腿骨）
	豬肚	半副
	鱉	1 隻
	藥帖	1 副
	鹽	（煮豬肚用）

食材處理與備料
FOOD

| 藥帖 |

1 將藥帖和清水放入甕裡，水約八分滿。

- 不能用布袋包裹藥帖，以免藥帖的香味減弱。

2 以文火慢熬三十～四十分鐘，熬出味道後，整甕放在一旁備用。

| 豬肚 |

1 挑選一副好豬肚。

- 豬肚要挑選約兩公分厚的才算夠格，愈厚愈好，咬起來才會口感十足，薄薄的豬肚屬於劣質品，吃起來一點口感都沒有。我通常會請固定的豬肉攤幫忙留下厚豬肚。

2 豬肚洗淨後放入鍋內，注入冷水直至蓋滿豬肚。

- 水量一定要完全淹過豬肚後還要再多一點，才不至於煮到最後蒸發。

3 加一匙鹽，燉煮一小時。

- 一小匙鹽可不是調味用，而是為了減去豬的騷味和澀味，煮起來更柔嫩的小祕訣。
- 因為煮雞和鱉的時間也各自不同，所以豬肚要先煮一小時，之後才能和雞、鱉一起燉煮。

<u>4</u>　撈出豬肚，放涼、剖半。

▪　這道菜的比例只能使用半副豬肚，不能因為怕浪費就全部採用。

<u>5</u>　把半副豬肚切長條，再斜切成菱形狀備用。

| 雞肉 |

<u>1</u>　把半隻土雞的大腿骨洗淨、剁塊，川燙去血水，略煮十分鐘後，撈起備用。

▪　撈起的雞肉要用冷水沖洗乾淨，不能有肉渣。

| 鱉肉 |

<u>1</u>　取一隻中等身材的鱉，去掉鱉頭、剁成塊。

<u>2</u>　用清水沖過，瀝乾備用。

▪　此處不能川燙，用清水洗過就放入甕裡。

RECIPE

豬　雞
肚　仔
鱉

製作

1　依序把豬肚、雞肉和鱉放入甕裡，再注入先前熬製妥當的藥帖水，約莫八分滿。

2　甕口封上保鮮膜。

　・一定要用保鮮膜封口，以免蒸時水蒸氣滴入甕裡。

3　整甕放入蒸籠，以大火蒸一小時半，取出即可。

　・若使用電鍋，外鍋放兩杯水。

肉

米

蝦

肉米蝦 "

「肉米蝦」這道菜的菜名很有趣，肉、米、蝦三個字，極為簡潔的食材名稱並列，唸起來有點韻律感，強而有力，讓人很容易朗朗上口。

真的非常老的老台菜

事實上，肉米蝦這道菜真的有夠「老」，老到我可以用來試探辦桌師傅的功力。倘若不懂得肉米蝦的師傅，我不會再花太多時間採訪他。對於多年來一直苦心蒐尋老台菜的我來說，如果師傅對老台菜不夠了解，只會說一口創新菜，這樣的耗費時間探訪無助於文化保存，就不是我想走訪的對象。

由於多數老師傅不曾遇到我這種「志不在學菜而在求知」的陌生人上門求教，以為我是來「偷功夫」的，排斥力極強，因此想接近老師傅並讓他們願意敞開心防暢談做菜經驗，還真不是件容易的事。與此同時，找到真正有料的師傅更是可遇而不可求，讓我的探訪過程困難重重，總得花不少時間才能和老師傅當好朋友並磨出想要的資料。

我曾經花費一年時間跟著一位老師傅套交情，還當免費的「水腳」，只為了探尋辦桌文化在傳統老台菜中的地位，沒想到一年後發現，該位師傅只是說得一口老菜，並不真懂，有些做菜邏輯根本行不通。我投入一整年時間卻徒勞無功，很是失望，畢竟走訪老師傅真的是分秒必爭，歷史隨時可能消逝，挖掘歷史足跡偏偏非常耗時間，有時候投入大

量的精力也未必有收穫。

後來我發現，只要先打開肉米蝦這個話題，對方若能侃侃而談說出自身經驗，就知道這位師傅懂的老菜色多，值得進一步探訪，反之就是反指標。

我曾和一位師傅談論肉米蝦，他竟然說「這道菜根本不值得一提，菜市場就買得到了」。我聽完大感訝異，心想一道如此經典的酒家羹品，由於年資特老，會做的人本來就不多，加上製作費時費工，成本太高，要在菜市場上販售根本不可能有利潤，難不成有人打著它的旗號在市場招搖撞騙？

經過窮追猛打不斷發問後，我更驚訝了，「天哪！這位師傅從頭到尾根本不知道什麼叫肉米蝦！」，那位師傅竟然以為肉米蝦就是油飯，真是匪夷所思。我推測他很可能是望文生義，認為油飯裡面有豬肉、糯米和蝦米這三樣食材，肉、米、蝦俱全，那不就是「肉米蝦」嗎？怎麼會是大家口中的大菜？

後來細探發現，雖是大家眼中的「師」字輩總鋪師，該師傅出道時間還不夠資深，更沒想到他除了自負，也沒有老靈魂，竟將經典的肉米蝦當成油飯。我難以想像，卻也心喜一開始就用肉米蝦與他閒聊，讓自己省下好多時間，不必再和他進一步搏感情，一道肉米蝦就足以測試師傅的功力夠不夠。

揭開經典羹品的面紗

正因肉米蝦的菜名簡單、口語化，很容易讓人產生誤會，很多師傅以為它就是肉、米、蝦三種食材來做料理，蒸、煮、炒、燴，各家有不同的幻想，連基本做法都不了解，做出來的菜餚當然四不像。大家對肉米蝦的真面貌難以理解捉摸之下，肉米

蝦顯得過於混沌不明，導致在辦桌市場上逐漸消失。

　　我走訪過的幾位經驗豐富的老師傅都坦言，不會輕易動手製作肉米蝦，雖然只要懂得祕訣，想做肉米蝦並不難，但要調出好味道卻不容易，而且還要運用台菜中製作「水肉」的技巧，更讓老師傅不願輕易動手，由此可知這道神祕菜色的難度。

　　由於做水肉的手續繁瑣，必須花費很多時間，無法大量製作，所以在需要大量生產的辦桌宴席上看不到肉米蝦的影子，僅流傳於酒家。肉米蝦這道菜並非湯品，而是酒家經典的羹品，品嚐時會感受到酸甜口味，味道淡雅，十分開胃。

　　事實上，這道羹品所用的材料，並非字眼上看到的肉、米、蝦三種，而是要將肉剁成如米粒般的肉丁，飄在羹上的蝦子這時粉墨得很唐突，兩者呈現有趣的尺寸對比。更重要的是，菜名中的「米」字其實是形容詞，這道菜餡裡絕對找不到米的蹤跡，而是老祖先對於「肉如米粒般細小」的規格制訂。換言之，肉米蝦這道羹品從頭到尾都沒有用到米，做出來的羹裡頭是看不到米的，千萬別自作聰明加入米粒。

海水伯的肉米蝦

　　肉米蝦歷史已久，我小時候吃過這道菜，但那時年紀小，對它的印象已經模糊，直到長大前往屏東尋訪老台菜，八十多歲的海水伯對我提起了肉米蝦，這才觸動記憶深處。

　　能在他鄉遇到老師傅談起這道深藏記憶裡的菜，讓人覺得很有緣分，也很有感情，當下強烈動力驅使，我趕緊買了材料和海水伯共同下廚製作。記得當時海水伯看到我從台南帶來的鮮蝦仁，高興地說：「雖然已經退休了，有這麼好的食材，這

次能做到人生最美好的肉米蝦，會是一件最得意的事。」

海水伯曾經在市區的食堂工作，年輕時也吃過肉米蝦，知道原始味道，但後來他回到鄉下開小食堂，家鄉不靠海，交通不方便，想買新鮮蝦仁沒那麼容易，即使買來了，又擔心萬一客人不上門點肉米蝦，蝦仁放久不新鮮，食堂裡不敢隨便買蝦仁回來備料。

幾位老客人知道海水伯會做市區火紅一時的肉米蝦，希望他能讓大家一飽口福，但山區要買蝦仁真的不方便，於是想出一個變通方法──用蝦米代替蝦仁。雖然用蝦米取代的肉米蝦不夠完美，但海水伯心想客人又沒到外地吃過正統的肉米蝦，投機取巧的方式沒人知道，就一直以蝦米充當蝦仁，心中卻深知正統的肉米蝦模樣。

海水伯告訴我，肉米蝦問世的年代相當久遠，遺憾的是失傳也很久了，大約民國二十幾年活絡於酒家的師傅才知道做法，叮嚀我以後要評估一位師傅有無功力，就看他是否懂得怎麼做肉米蝦。

海水伯教我的這一招真的很管用又重要，探詢老台菜得如田野調查般，耗費大量時間與師傅們討教，再細細分析資訊可信度，若是投入大量時間後才發現師傅根本沒料，只是說得一口好菜，心中往往懊惱自己無識人之明。

宛如米粒般

製作肉米蝦的材料很簡單，不外乎肉、桶筍、香菇和蝦。除了肉以外，香菇和桶筍統統都要切得像米粒一樣大小。要知道，這樣切食材可是件累人的差事。

早年要將肉剁到和米粒一樣細並不容易，靠的是耐心與毅力，後來有了絞肉機，做起肉米蝦不再那麼辛苦，對於製作水肉、推廣肉米蝦也方便許多，但想大量生產仍然沒那麼容易。由於絞肉機絞出來的肉會有一點黏性，在肉攤選好梅花肉後，先請肉販以粗孔的絞肉機絞一遍，回家後再放到砧板上，以剁刀來回剁個十來分鐘，這樣筋肉才會分離，吃起來才清爽。

剁完肉這個大工程之後，開始處理這些細肉，放入醬油、香油與少量五香粉到絞肉裡，用手搓揉均勻讓肉入味，然後灑太白粉，使粉末均勻附著在肉的表面。鍋內放三分之一冷水，左手握起一團肉，右手用大姆指、食指和中指捏出一丁一丁的肉，放入冷水鍋內，每一塊肉丁都不能比米粒大。這個步驟一定要凝神定氣，捏完全部的肉之後才開火，水快滾時再以鏟子從底部稍微鏟過，肉丁熟了自然就會浮起，最後以漏杓將煮熟的肉丁撈起來備用，鍋中混濁的湯水則丟棄，這樣就完成了水肉的製作。

純手工剁肉真的極為累人。還記得四、五十年前沒有絞肉機的時代，哥哥的同學家經營擔仔麵生意，他的六位姊姊為了幫忙父母熬煮肉臊，每天拿著兩把大刀在家裡不斷地剁肉，之後才交給媽媽熬煮成肉臊，經常剁到雙手發痠。他小小年紀就不捨姊姊們的辛苦，說他希望長大後能發明機器以減輕姊姊剁肉的辛苦，想不到他長大後，絞肉機也真的問世了。

做水肉是台菜的基本工之一，若學不來就別想做肉米蝦。但坦白說，這基本功學來了也只能做肉米蝦而已，很少用在其他菜色裡，我想因為水肉的普遍性不高，在其他菜色裡也很少見到它的影子和做法，若努力學習一個功夫卻只能做一道菜，師傅自然興趣缺缺。此外，即使認真學會了做水肉的技巧，卻因使用機會少，日久也可能忘了如何拿捏技巧，後來師傅乾脆不學也不做了，肉米蝦也就跟著式微。

其實說穿了，製作水肉並不難，只要拿捏到手勢就能很快完成，可是很多人光想到要將一大塊肉慢慢捏成比米粒還小的肉丁就覺得累而打退堂鼓，何況使用機會不多，想學做水肉的人也就日益減少。

我剛開始學做水肉時，同樣感覺自己的肢體動作很不協調。剁細肉是小事一件，但要將細肉分成一粒粒丟入水裡，手眼協調度真的要夠好。第一次做水肉時，我捏出來的每一顆水肉大得像一顆豌豆，別以為豌豆小，和米粒比起來還是差很多，根本不合格。不然就是花了半天時間，左手的肉還是一大堆，鍋子的小肉粒寥寥無幾，常常不自主的緊張冒汗。想到老師傅說的「練久了就會」，我不服輸的個性再次出現，苦練了好一段時間，還把那些做失敗的水肉拿來加在青菜裡炒，以避免浪費，後來進步一點後會拿來做袖珍版的香菇肉粒羹，直到熟練了才做肉米蝦。所謂「熟能生巧」，現在我做一份水肉只要五分鐘就能完成，但這也是我的速度極限。

曾有師傅省掉做水肉的手續，改成炒肉末，然後加入高湯鍋裡煮，端上辦桌宴席。然而，這種用炒的方式製作肉米蝦，口味會變得渾濁，吃不到清雅的味道。雖然這種投機的調理方

正因為製作水肉要花很多時間慢慢做,我每次教學員做水肉都告訴大家要「改變心境」,不要以現代人態度看待。做老台菜最好放慢腳步,任勞任怨,想想當年婦女一早起床就要忙著做早餐、洗衣服等家事,還要下田工作,好像每天都有做不完的事,一直要忙到天黑家人都睡覺了才得閒,因此與其緊張的做事,心裡一急反而容易砸鍋,倒不如慢慢的認真做,一次做到位,以這樣的心情來做水肉,自然水到渠成。

式滋味並不算出色,竟然還是有賓客喜愛,無奈師傅做一次後還是不會再做第二次,因為雖然以炒的方式取代了水肉製作,能供應較大量,但其他配料都要切得比米粒小,瑣碎之事依然繁多,在一切講求效率的辦桌場,費工的肉米蝦最後還是會黯然退出。

老師傅曾經告訴我,炒肉末的做法確實可以省下很多時間,也唬得過沒吃過的人,但老饕是不屑這種投機方式的。

急攻法熬製高湯

水肉之外,肉米蝦的靈魂在於湯頭。

熬製肉米蝦高湯的方式和其他菜餚不一樣,用的是豬骨,比例上以扁匙骨為主,大骨通常只放一根。這一根大骨可是重要關鍵,因為湯頭講求滋味清淡,大骨一多就會過於濃郁。熬高湯前,先將豬骨川燙洗淨,開火煮三、四十分鐘後關火,如此熬出的湯頭清甜無比。

這裡所說的「開火煮三、四十分鐘」可不是開大火讓它滾，而是大火滾開後轉中火保持沸騰度，蓋著鍋蓋慢慢熬滾。現今熬高湯不像以前那麼方便，因為有深度的大鍋比較好熬，但現在家庭人口簡單，買的鍋子都很小，不見得有高湯鍋。若是烹飪愛好者，我會說買一只高湯鍋吧！高湯鍋是不可或缺的重要工具，鍋子深除了容量大以外，還有另一個好處，高湯保持略滾狀況時，不會溢出。

這種熬高湯方式在台菜裡叫「急攻法」，並不常用，熬煮時間不用長，祕訣在骨頭放進鍋裡時先放一匙鹽，讓骨頭裡面的甜分更容易釋出，而且取用高湯時一定要先過濾，不能有肉渣，如此才能有好湯頭。

筍子的故事

肉米蝦的重要角色處理好以後，就開始繼續料理其他食材。

香菇建議選擇台灣的黑扁菇，不要用新鮮香菇，雖然新鮮香菇現在市場有得買，但請記得，古早年代的市場裡是沒有賣新鮮香菇的，老台菜用新鮮香菇會做不出來。新鮮香菇只是吃口感的鮮嫩，不像晒過的香菇有香氣，若使用錯誤，整道菜全毀。黑扁菇聞起來既香又有味道，嚼勁剛好，進口香菇雖然厚實，但做起來的口味會不同。

至於筍，恐怕是製作這道菜時最容易被誤解的，也就是「桶筍」被改成了「鮮筍」。

要知道，在台菜菜單裡寫的「筍」字，通常不是指鮮筍，而是桶筍。早年台灣這塊土地上到處都是竹子，先人除了蓋房子會就地取材以竹子當建材，連家具也以竹子製作，另一方面，

春雨過後筍子成長快速，老祖宗愛物惜物，發展出了許多筍子料理。早年台灣筍子出產量真的很大，遇到用不完的鮮筍，不管是綠竹筍、桂竹筍，產量過多來不及吃就會醃起來，既解決筍子生產過剩的問題，一年四季也都有筍料理可吃。

早年的生活習慣，通常是在秋收農忙以後，大家空閒時間增加，嫁娶喜慶活動也變多，此時春天醃的筍子味道已足，總舖師在喜宴辦桌時就會拿來烹煮各式筍料理。相較於此，新鮮筍子多半是平常家裡的家常菜。

可惜時至今日，很多人不了解早年先民的生活背景，很容易把「筍」字當成鮮筍，做筍料理時直接以鮮筍製作，連有些台菜餐廳都拿鮮筍做菜，忽略了鮮筍和桶筍雖然同樣都是筍，口味上可是截然不同。醃過的桶筍味道微酸，和鮮筍的味道相去甚遠，如果以鮮筍取代醃筍，做出來的料理滋味會有很大的偏差，菜餚也就跟著走味了。

龐然大「蝦」

談完了水肉、桶筍、香菇，最後是肉米蝦中的關鍵──蝦子。

通常我會以白蝦仁製作，小小白蝦仁在肉米蝦裡可是扮演龐然大物的角色，因為肉米蝦這道菜的製作規格，就是要求肉比米粒還小，蝦則是最龐大的。很多人不知道台菜最重視尺寸規格，例如蝦棗這道菜，有一口棗、二口棗、三口棗，尺寸大小不同就有不一樣的稱呼，完全反映尺寸的規範。

小小的蝦隻要變成龐然大物不容易，但也不難，就是反覆裹粉。

首先，蝦仁加少許鹽和香油，這裡的「少許」真的是一點點，調味搓揉之後裹太白粉，等它反潮變溼了再裹一次太白粉，接著用雞蛋和著地瓜粉後沾滿蝦子，裹成厚厚的一層再下油鍋炸，蝦子的體積將變大好幾倍。把地瓜粉改用酥脆粉的效果也不錯。

炸蝦子時，要等油溫熱了才下鍋，而且油要瀝乾，這樣灑在羹上的蝦才會載沉載浮，視覺才美。

最後談談台菜的調味，只要你懂了調味的問題，或許也會發出會心一笑，了解為什麼現在的台味會如此甜。就是因為不懂得調味的順序，烹煮時就先加糖，那接下來的調味就變困難了，會愈調愈甜，最後變得難以下嚥。

肉米蝦的調味是先加鹽，將鹹味做出來，但鹹味不能做到足（要有鹹味而不是太足，否則會變成重味，後面的調味就難了），然後再加二砂糖做出甜味，如此鹹甜都有之後，最後才加酸。酸的部分若找不到古早味的醋，可用五蔭醋代替（但酸不要過度，台菜講究的是酸甘甜，台菜的酸一向不是很強烈，而是溫柔婉約）。

味道做足之後，最後才可以用太白粉勾芡，不過勾芡的太白粉別加太多水，否則前面的調味又得重來。肉米蝦的勾芡濃度是微濃但不要太濃，勾濃芡不會好吃，中等就可以了。上桌前，將蝦仁鋪在羹品上。

　　我覺得老祖宗比我們懂得打算，總鋪師平常沒宴席邀約，通常會開設「飯桌仔」以增加收入。飯桌仔的靈魂在肉臊飯，搭配滷製醃過的筍絲或把桶筍絲拿來炒蛋，加上豆薯炒蛋、胡蘿蔔炒蛋，成為四大基本菜色。這四道菜的食材價格一年四季變化不大，總鋪師很容易掌控，不用擔心食材青黃不接的問題。

　　或許你會懷疑，同樣的菜色吃久了不膩嗎？其實總鋪師也懂得將這四道基本菜色稍作變化，例如桶筍絲炒蛋就可以變化成豆皮炒筍絲或豆干炒筍絲，也可以把桶筍絲加點豆豉同炒，口味也非常美。依此類推做變化，客人每次吃到的口味就都不相同了。

　　醃漬桶筍如此好用，可惜桶筍絲開封後就不耐放，而且不能沾到水，沒賣完容易腐敗，因此店家會評估，如果買桶筍絲的客人不多，為免賣不完造成虧損，店家乾脆就不賣了。惡性循環之下，造成今日市場內不容易買到桶筍絲的問題，很多筍料理也因買不到食材而淡出許多家庭的餐桌。因此我常說「台菜推廣的好與壞，端看市場上賣不賣桶筍絲就可知端倪」，畢竟有需求才有供貨。

材料	豬大骨	1 個	鹽		五香粉	1/4 茶匙
	扁匙骨	2 個	糖	2 大匙	醋	1 大匙
	蝦仁	90 克	蛋黃	1 個	香油	共 3 大匙
	梅花粗絞肉	270 克	太白粉	適量	水	
	桶筍	250 克	地瓜粉	適量		
	乾香菇	24 克 (4~5 朵)	醬油	2 大匙		

食材處理與備料
FOOD

| 高湯 |

<u>1</u>　豬大骨、扁匙骨洗淨川燙。

<u>2</u>　放入高湯鍋裡，加水和少許鹽，開大火煮三十～四十分鐘。

　▪　水量至少淹過骨頭。

| 蝦仁 |

<u>1</u>　蝦仁去沙泥，加 1 茶匙鹽和 1 大匙香油，稍微拌過。

<u>2</u>　把蝦仁輕輕裹上太白粉。

　▪　若裹好粉的蝦仁反潮，再裹一次太白粉。

<u>3</u>　取一個蛋黃，把步驟 2 的蝦仁沾滿蛋黃。

<u>4</u>　把步驟 3 的蝦仁裹上厚厚地瓜粉。

<u>5</u>　把裹好粉的蝦仁放入油鍋，開大火炸過。

<u>6</u>　炸到金黃酥脆時撈起瀝乾油，放一旁備用。

| 桶筍 | 切成 0.6 公分厚、0.8 公分長的筍丁。

- 桶筍買來不能洗。
- 若保存不當，桶筍碰到生水和環境污染都會長黴。

| 香菇 |

1 香菇先泡常溫水，擠乾。香菇水留下。

2 把香菇切成 0.8 公分的立方體備用。

| 水肉 |

1 挑選梅花肉，請肉攤用粗孔攪肉機絞一次。

2 用重刀剁碎。

3 將肉粒放入碗裡，加 2 大匙醬油、2 大匙香油、1/4 茶匙五香粉、1 大匙地瓜粉、1 茶匙水拌均。

4 炒菜鍋放入六分滿常溫水，先不要開火，左手拿一團肉，右手用三隻指頭搓出一小坨、一小坨的肉粒，每個肉粒約米粒大。

5 用鏟子先從鍋子底鏟一下以免底部黏鍋後，再開中火。

6 看到肉浮上來就撈起，沖冷水去除浮渣後，放入乾淨碗裡備用。

RECIPE

肉米蝦

製作

3

4

1 　撈起水肉之後的湯水倒掉，洗淨炒鍋。先倒入先前留下的香菇水，再取適量水放入鍋內。

2 　放入香菇丁、筍丁一起煮。

3 　等香菇丁和筍丁味道出來時，放入水肉，先加少許鹽、2大匙糖，最後再加1大匙醋。

　　・先加鹽、再加糖，這個順序很重要。

4 　用太白粉勾芡，倒入水盆，淋一些香油。

5

5 　將蝦仁擺上去，即可上桌。

國家圖書館出版品預行編目 (CIP) 資料

被誤解的老台菜 / 黃婉玲著 . -- 初版 . -- 臺北市：時報文化出版企業股份有限公司 , 2023.10
160 面；17*23 公分 . -- (Life；57)　ISBN 978-626-374-216-1(平裝)

1.CST: 飲食風俗 2.CST: 食譜 3.CST: 臺灣

538.7833　　　　　　　　　　　　　　　　　　　　　　　　　　　112012856

LIFE 057
被誤解的老台菜

作者—黃婉玲｜攝影—24open photo studio/ 林永銘｜責任編輯—陳詠瑜｜行銷企畫—林欣梅｜封面設計—FE 工作室｜內頁設計—FE 工作室｜服裝—ＡＰＵＪＡＮ｜妝髮—全方位髮藝｜總編輯—胡金倫｜董事長—趙政岷｜出版者—時報文化出版企業股份有限公司　一〇八〇一九三臺北市和平西路三段二四〇號三樓｜發行專線—（〇二）二三〇六－六八四二｜讀者服務專線—〇八〇〇－二三一一七〇五　（〇二）二三〇四－七一〇三｜讀者服務傳真—（〇二）二三〇四－六八五八｜郵撥—一九三四四七二四時報文化出版公司｜信箱—一〇八九九臺北華江橋郵局第九十九信箱｜時報悅讀網—http://www.readingtimes.com.tw｜電子郵件信箱—newstudy@readingtimes.com.tw｜時報出版愛讀者粉絲團—https://www.facebook.com/readingtimes.2｜法律顧問—理律法律事務所陳長文律師、李念祖律師｜印刷—華展印刷有限公司｜初版一刷—二〇二三年十月二十日｜定價—新臺幣四二〇元｜（缺頁或破損的書，請寄回更換）

台菜復興

台菜教母
黃婉玲 老師

Breeze Super
微風超市

永續傳承

【老台菜的堅持】

台菜教母黃婉玲老師致力於推動台菜復興運動，2023年出版新作《被誤解的老台菜》，希冀傳承台灣經典老味道。微風超市Breeze Super響應推出黃婉玲老師專區，看黃老師新書同時一站購足相關食材。不定時推出老台菜經典料理，還有以微風超市保冷袋獨家打造的經典台菜食材包，讓你一手料理書、一手挑菜！

2023.10.25-2024.10.24憑藏角在微風超市Breeze Super選購《被誤解的老台菜》指定食材，即享VIP專屬優惠(每個藏角限用一次，翻印無效)！

一同加入台菜復興運動，留下老台菜珍貴的飲食文化！

|微風廣場店| 台北市松山區復興南路一段39號B2F
TEL:02-6600-8888#8911　FAX:02-6600-7888

|微風南京店| 台北市松山區南京東路三段337號2F
TEL:02-6600-0999#7006　FAX:02-6600-0613

|微風南山店| 台北市信義區松智路17號B1F
TEL:02-6638-9999#8911　FAX:02-6638-7030

憑此券可享
微風超市黃老師粉絲
專屬VIP優惠
期間限定 2023.10.25～2024.10.24
(限用一次 翻印無效)

Allaspects × **Cf** HAIR SALON

台南美髮沙龍 **全方位髮藝**

長榮旗艦店 / 東區長榮路一段85號B1	☎ (06)2340890
東寧店 / 東區東寧路502號	☎ (06)2363818
開山店 / 中西區開山路67號	☎ (06)2137379
崇善店 / 東區崇善路625號	☎ (06)2880060
華平店 / 安平區華平路581號	☎ (06)2998316
歸仁店 / 歸仁區中山路三段212號	☎ (06)3388407
大灣店 / 永康區大灣路755號	☎ (06)2051489
東橋店 / 永康區東橋一路22號	☎ (06)3027029

SALON

憑本券燙或染

現抵 **$500**

APUJAN 台北直營店 | NOKE 忠泰樂生活 1F（台北市中山區樂群三路 200 號）